华为核心竞争力

华为人才培养的16条规则

吴帝聪　李治明◎著

HUAWEI

中国纺织出版社有限公司

内 容 提 要

本书全面梳理和总结了华为人才培养的精华所在，包括奋斗、创业、专注、团队、战斗、竞争、分享、工匠、服务、求实、危机、学习、创新、灰度、冒险、奉献。本书针对华为的这 16 条规则展开讨论，读者可以从这 16 条规则中学习到华为的核心竞争力，更能从中找到华为能够成功的原因。华为的 16 条人才培养规则是华为智慧的浓缩，是任何时代、任何企业都值得学习的楷模。

图书在版编目（CIP）数据

华为核心竞争力：华为人才培养的 16 条规则 / 吴帝聪，李治明著. -- 北京：中国纺织出版社有限公司，2021. 3

ISBN 978-7-5180-8416-6

Ⅰ. ①华… Ⅱ. ①吴… ②李… Ⅲ. ①通信企业—人才培养—经验—深圳 Ⅳ. ① F632. 765. 3

中国版本图书馆 CIP 数据核字（2021）第 043769 号

策划编辑：史 岩　　责任编辑：陈 芳
责任校对：王蕙莹　　责任印制：储志伟

中国纺织出版社有限公司出版发行
地址：北京市朝阳区百子湾东里A407号楼　邮政编码：100124
销售电话：010—67004422　传真：010—87155801
http://www.c-textilep.com
中国纺织出版社天猫旗舰店
官方微博 http://weibo.com/2119887771
三河市宏盛印务有限公司印刷　各地新华书店经销
2021年3月第1版第1次印刷
开本：710×1000　1/16　印张：13
字数：145千字　定价：48.00元

前言

在当前这个处处充满不确定性的新经济时代，有的民营企业的发展举步维艰，形势非常困难。它们越来越觉得自己不懂消费者，不知道未来该如何走下去，营销越来越没有效果。尤其是那些中小企业，犹如割韭菜一般，出现一茬，倒下一茬。而有的民营企业则在夹缝中求生存，最后不但寻到了生机，还发展得风生水起。

其实，市场竞争是一种你死我活的生存游戏，比的是谁能在漫长的岁月里活得久。只要活下去，就会有可能弯道超车，甚至有可能占据行业的垄断地位。

纵观整个市场经济的发展，“科技”代表着最先进、最前沿的词汇，这是许多创业企业所追逐的。他们认为只要自己的企业拥有最前沿的科技，就如进入无人之境一般，在市场中纵横驰骋，成为行业里的“老大”。但科技毕竟是可以更迭的，且没有谁的科技成果能够一直保持领头羊的地位。市场瞬息万变，科学技术也会像海浪一样“后浪推前浪”，一浪胜过一浪。所以，科学技术也不能成为一个企业永占行业“第一把交椅”的保障。这也正是为何我们经常看到有企业乘着科技之风快速兴起之后，又快速陨落的原因。

也有人认为企业能够生存下来，并能够持久发展的保障是金钱。不可以否认金钱在企业发展过程中所起到的巨大作用，金钱是保证企业能够顺畅运作的基础。但企业能否真正赚到钱，还必须依靠企业上下团结一致，为共同的奋斗目标而不懈努力。这样大家协力奋进，才能为企业换来经济效益和利润。

所以，一个企业的灵魂不仅是先进的科学技术，也不仅是金钱。华为就是一个极佳的例子。

33年前，华为没有人才、没有资金、没有技术、没有背景，从一个一穷二白的初创企业，成长为今天中国最优秀的科技企业之一。华为奋斗的这33年，是充满忧患、坚韧不拔的33年，是血与泪的商业长征。33年来，华为创始人任正非这位低调而谨慎的“狼王”，默默地引领着18万人的庞大通信帝国不断前进，创造着各种各样令人瞠目结舌的商业神话。

目前，华为已经成为全球范围内最大的信息与通信基础设施和智能终端设备商，业务遍及全球170多个国家和地区；2019年华为在全球智能手机销售领域销量排行榜中位居第二，仅次于三星，已经超过苹果这样的巨头；华为在2019年度全球品牌价值500强中名列第12名，并且该成绩以每年呈上升趋势不断攀升；当前5G已成为全球潮流和趋势，并将进入商用之际，华为在最短的时间、以最快的速度，在5G、微波以及二者的结合方面走在了世界的前列。

华为所创造的神话不胜枚举。华为不但活了下来，而且还比绝大多数竞争对手活得更好。如今，全球对华为的发展刮目相看，甚至对华为有一种强烈的敬畏感。

作为科技企业的翘楚，华为为什么能够在强者如林的跨国企业中频频胜出？华为的成功崛起，并不是一蹴而就的；华为的快速发展，也不是凭偶然实现的。关键在于华为有一种别的企业所没有的特质——华为核心竞争力，也就是华为的人才培养规则。

一直以来，在华为核心竞争力的指引下，每一个华为人能够长期坚持艰苦奋斗，能够用实际行动实现人生价值，能够沉下心来做事业，能够团结协作为共同理想而奋斗，能够像狼一样去战斗，能够在竞争中收获进步，能够时刻保持开放和分享的姿态，能够将产品做到极致，能够一切以客户为中心，能够保持实事求是的工作作风，能够时刻保持危机意识，能够注重学习和自我提升，能够不断寻求创新，能够带着理性去冒险，能够为华为的生存和发展而无私奉献自我。这些都是华为核心竞争力及其内涵的体现。也正是如此，华为不论外部风云如何变化，都能始终坚持上下同欲，专注做好自己的事情，用艰苦奋斗迎来属于自己的辉煌。

一个企业的发展，离不开人才的支撑，更离不开核心竞争力的指引，人才培养规则就是企业理念的精华，是企业灵魂的集中体现，也是企业在生产经营活动中，为谋求自身生存和发展的动力源泉。华为正是因为有了这样的核心竞争力，才能从一个弱小的企业变得坚不可摧。也正是因为有了华为人才培养的 16 条规则，才使得华为成为中国企业走上国际舞台的成功典范，成为中国创新创业的优秀样板。

本书全面梳理和总结了华为人才培养的精华所在，包括奋斗、创业、专注、团队、战斗、竞争、分享、工匠、服务、求实、危机、学习、创新、灰度、冒险、奉献。本书针对华为的这 16 条规则展开讨论，读者可以从这 16 条规则中学习到华为的核心竞争力，更能从中找到华为能够成功的原因。华为的这 16 条人才培养规则是华为智慧的浓缩，是任何时代、任何企业都值得学习的楷模。

吴帝聪

2020 年 12 月

目录

第三章 专注
——沉下心来做事业

第四章 团队
——协作的力量超乎想象

第五章 战斗
——像狼一样去战斗

第六章 竞争
——不竞争就是在等死

第七章 分享
——开放才能共赢

第八章 工匠
——快时代的慢坚守

第九章 服务 ——客户才是真正的老板

第十章 求实 ——战术上一定要务实，战略上懂得务虚

第十一章 危机 ——没有危机意识，才是最大的危机

第十二章 学习
——加强学习才能赢得未来

第十三章 创新
——求新求异，企业才有生命力

第十四章　“灰度”——一种打破边界的智慧

第十五章　冒险——有冒险才有希望

第十六章　奉献——无奉献不伟大

第一章　奋斗

——长期坚持艰苦奋斗

中华民族的发展史就是一部艰苦奋斗史，我们国家也是在艰苦奋斗的指引下逐渐走向如今的富裕与强盛。随着时代的发展、社会的进步，艰苦奋斗的内涵越来越丰富，并且逐渐渗透到企业发展当中。华为作为新时代下的通信互联网公司，将奋斗作为其人才培养的第一条规则，并在企业的成长和发展过程中，一直坚持着艰苦奋斗的精神。在华为，每个人的骨子里流淌的都是艰苦奋斗的血液。

艰苦奋斗是不变的文化主题

如果让人们票选出自己认为当前我国最具实力的通信互联网企业，那么华为必定上榜无疑。无论从新闻媒体，还是从华为的实体产品，我们都能看到华为在全球市场的崛起和强大，这让我们对中国通信产业的信心又一次变强了。

华为能够成就今天的业绩，是与其人才培养中的奋斗分不开的。

华为创立之初，是业内一个名不见经传的小企业，而且在这个时期，华为每走一步都很艰难。因为当时华为的注册资金只有 2 万元，整个企业处于一个没钱、没人、没技术、没管理的状态，而且办公室是两间杂草丛生的简易房。这样的状况，对华为的生存是一个极大的挑战。

然而，谁也没想到，就这样一个看上去破落不堪、在各方面条件都有所欠缺的小企业，在十分艰难的情况下，还能一步步成长并壮大，一跃成为国际市场上的主力军。

虽然如今的华为已经一切走上了正轨，并且在技术、资金、人才、管理方面都有了极大提升和改善，然而华为人才培养中的奋斗规则却从未改变。虽然华为已经进军国际市场，有能力与苹果、三星等企业一较高下，但成本问题却一直没有得到很好的解决。因此，为了提升华为的市场竞争力，为了让华为能够在激烈的国际市场竞争环境中生存下来，任正非建议：除了要懂得提升效率之外，还应当降低成本，多省出一分钱就多出了一分钱的胜算。所以，在具体落实的过程中，华为一方面通过提高工作效率来降低成本，另一方面重点抓差旅费和办公费用，不必要的开销就不必浪费，要尽量保持简朴的习惯。当然，这并不意味着少投入、少出差，而是将资金合理、有效地把控，将每一分钱都能用在“刀刃上”。

华为本身就是一个从艰苦环境中诞生的企业，再加上任正非本身又是军人出身，对“艰苦奋斗”四个字有着更深刻的理解和体会，所以华为并没有因为发展有了起色就安然地享受物质生活。由于国际竞争越来越激烈，华为要面临的困难也越来越多，在企业经营过程中需要的资本支撑也越来越多。如果这时候不注意节约开销，那么华为未来的发展很可能会陷入死胡同。

正如任正非所说：“华为艰苦奋斗的文化永不会改变。”为了规范员工的行为，任正非将公司的费用降低，与奖金联系在一起。他规定：“总体费用的增长率不能超过公司收入的增长率，总体费用率要在去年的基础上下降 1 ～ 2 个百分点。”

虽然这一规定引发了一些人的抵触情绪，但却实实在在地遏制了一些不必要的成本浪费，为华为节省了一大笔钱，用于产品和项目研发。通过这种节约成本的方式，华为员工最终获得了更多的奖金和报酬，同时也养成了一种节俭的习惯。甚至在华为的很多部门都能看到写有“下班之前过五关”的卡通图画，这是为了提醒员工在下班之前别忘记关灯、关电脑、关门窗等。从一些小细节做起，让华为员工因此而养成了很多好习惯，华为每个月的电费就可以节省几十万元。

在人们眼中，华为每年的产品销售收入达到几千亿元，仅 2019 年上半年，华为的销售收入就已经达到了4013亿元，这样大的盈利性企业还要践行艰苦奋斗的精神，实在是没有必要。但对于华为这样规模庞大的企业，每天的人力成本、研发成本、制造成本、经营成本、销售成本、服务成本等体量十分巨大，如果每个人都花费不必要的成本，积少成多，这对于一个企业的生存来讲是十分危险的。

所以，在华为，任何铺张浪费都是不被允许的，且不说华为最初一穷二白的时候，即使华为如今赚得盆满钵满，也依然不能乱花钱。这一点是华为有效控制成本的一条重要途径，关乎华为的存亡，容不得一丝马虎。

其实，任正非既希望华为有钱，又担心华为有钱。任正非的希望和担心看似是相悖的，但这却是一个企业家最朴实的心理。一方面希望自己一手创办的企业能够有更好的发展前景，赚钱越多越好；另一方面又担心员工变得更加富有之后可能会让他们的惰性显现出来，从而失去艰苦奋斗的精神，这样享乐之风会在华为内部蔓延，影响员工的工作状态和斗志。因此，任正非一直将艰苦奋斗作为华为人才培养的首要规则。而任正非本人也以身作则，出行从不安排专车，尽量不给公司带来不必要的开销。

一个具有广阔发展前景、充满活力的企业，在开源的过程中更加懂得节流的重要性。很多人认为华为的这种节约成本的规定实际上是“抠门”，但这正是华为难能可贵之处，更代表的是一种华为精神，一种中华民族历来就有的民族精神。无论任何时候，艰苦奋斗、勤俭节约的精神都不能丢，都要很好地传承下去。

只有踏实奋斗，才能屹立不倒

一个公司能够“长寿”，是很多人的目标，但并不是每个公司都能如愿以偿屹立不倒。

我国每年有超过 1.2 万家大大小小的公司创立，同时却有 2/3 的企业因为“玩”不下去而倒闭。大多数民营企业总是逃不脱“各领风骚三五年”的宿命，我们也经常能听到和看到太多的关于中国民营企业的崛起、衰落、倒闭的悲伤故事。

著名作家托尔斯泰有这样一句话：“幸福的家庭总是相似的，不幸的家庭各有各的不幸。”这句话同样适用于公司，可以说“‘长寿’的企业总有惊人的相似之处，而不‘长寿’的企业总有各自的原因”。

任何时候的伟大都不是凭空而来的。成功的企业都有着超乎寻常的奋斗史和血泪史。华为是这方面的旗帜。

华为作为一家典型的互联网企业，从 1987 年创建至今，经历了 33 个年头，显然生存时间长，并在国内和国际有自己强大的影响力。华为能够屹立不倒，并创造业界神话，与其他“长寿”企业一样，就是具备“踏实奋斗”的特质。

有一则寓言故事叫作《龟兔赛跑》，讲的是兔子和乌龟赛跑，兔子因为具有先天优势而跑得快，所以它跑了一段时间之后，就在草地上小憩一会。结果那只一直不停向前跑的乌龟却超越了兔子，率先到达终点。

任正非认为，华为就是那只乌龟，一直都在向前爬，全然没看到路两旁的鲜花，忘记了自己一直在爬坡，许多人都步入了富裕阶层，而华为还在持续艰苦奋斗。任正非将华为比作乌龟，这个比喻对华为的描述实际上是非常贴切的。华为在成长和发展过程中，是踩着泥泞和利石慢慢地一步步踏实走过来的，华为能够换来今天的辉煌和荣耀，都是用血淋淋的艰苦付出所换来的。

乌龟精神被赋予了持续努力的精神，而华为的成长和壮大过程的确与这种乌龟精神十分吻合，而且华为的这种乌龟精神一直没有改变过。

很多人好奇，华为如今在国际上也是地位显赫的企业，为何还要坚持艰苦奋斗？这样不是自找苦吃吗？其实不然。原因有以下两方面：

1. 避免管理者自我膨胀

在诸多人才培养规则中，艰苦奋斗是华为最看重的一条规则。为了让更多的员工能够经常看到、学习到这条规则，为了不让员工忘记这种精神，华为经常通过各种方式提醒员工。除了粘贴字画、开会等，还通过广告的形式呈现给每一位员工，以此激励员工为理想而奋斗。

2015 年的时候，华为发布了一则极富冲击力，却蕴藏深刻内涵的企业形象广告，主题是："我们的人生，痛，并快乐着。"广告上最醒目的，是一位芭蕾舞演员的一双脚。一只脚穿着优雅的芭蕾舞鞋，光鲜亮丽；另一只脚却赤裸着，而且扭曲变形，伤痕累累。

其实，华为做这样的广告，不仅是给外界看的，让更多的人认识和了解华为，而且是给华为内部员工看的，意味着伟大都是通过这样的奋斗熬出来的，目的是希望在每位员工的坚持努力下，华为能继续踏踏实实地做事，坚持艰苦奋斗。尤其是对于那些管理者来说，希望他们不要因为华为眼前的繁华而自我膨胀，丢失了应有的艰苦奋斗的本色。

2. 华为靠不断的奋斗来寻找出路

在各产业领域，工业的管理是比较复杂和困难的，而工业领域中的电子工业则更难。电子工业与传统工业相比，往往技术更迭速度快，市场变化速度快。所以几乎没有可以制约它发展的自然因素。正是因为这一特点，使得电子信息产业的竞争要比传统产业竞争更加激烈，淘汰更无情，谁输谁赢，全凭各自的能力和本事说话。

华为作为电子通信产业中的一家企业，在市场中更是深谙这个道理。常言道“后退就意味着消亡”，在电子通信领域，稍微驻足一下，就要落后一大截。所以，华为没有背景、没有任何稀缺资源，更没有什么可以依赖的，要想更好的生存，不被市场所淘汰，除了励精图治、放开心胸、自力更生，就只有不断创新和艰苦奋斗；要想不断在竞争中找到出路，就需要不断去奋斗，只有奋斗才能改变自己的命运，缩短与竞争对手的差距。

正是因为一直以来公司上下踏踏实实，艰苦奋斗，共同付出，才铸就了今天的华为，才让华为经历 33 年的沧桑与市场变化，依旧能够在国内和国际市场中屹立不倒。

以奋斗者为本

每个人都希望自己能够过上自己所向往的生活，但这样的生活并不是轻易属于任何人的，而是属于那些为之努力奋斗的人。即便奋斗的过程中需要付出艰辛和汗水，会有挫折像暴风骤雨般来袭，然而奋斗和拼搏过后，终会迎来阳光普照大地。

这样的道理同样也适用于一个不断奋斗和拼搏的企业。一个企业，要想走得更远，获得更大的成就，同样离不开“奋斗”两个字。

华为最初以 2 万元起家，在经历 33 年的时间，逐渐从一个由 6 人创建的名不见经传的小企业发展为市值千亿元、拥有超过 18 万员工的产业帝国，其根本就是简单的一句话：“以客户为中心，以奋斗者为本，长期坚持艰苦奋斗。”这也正是华为成功的一切奥秘所在。

可以说，“奋斗”就是华为的 IP，华为在发展的每个时期、每个阶段都有艰苦奋斗的身影。任正非给出的“奋斗”的定义是：“为客户创造价值的任何微小活动，在劳动的准备过程中，充实自己而提高努力，这些都叫作奋斗，否则再苦再累也不叫奋斗。”所以，奋斗一定要是：一能够为客户创造价值；二是员工要努力充实自己，做好奋斗的准备；三是奋斗的过程。这三点加起来才能叫作奋斗。同时，华为的“奋斗”还要拿结果说话，只有拿结果说话，奋斗才能站住脚跟。

在华为，每一位员工都是奋斗者，他们是撑起整个华为不断前进的力量。华为的奋斗者，不但能做好以上三点，同时还要有很强的成就动机、有很好的工作效率，能够以自己奋斗的行为和成就来感染身边的人，形成良好的奋斗氛围。

华为坚持以奋斗者为本，主要体现在以下两个方面：

1. 广招天下英才

绝大多数企业在选拔人才的时候，往往只关注能力问题，却忽视了其他因素。其实这样在很大程度上使得招纳的人才具有局限性，由此增加了用人风险，也给企业的快速发展带来一定的风险。

华为在人才选拔与培养问题上，更加大胆和有远见，打破人们的保守思想，找到更加适合华为的人才。

早期，任正非就是本着这样的思维去寻找和挖掘人才的，而且有一位技术天才不得不提：他就是郑宝用，他为华为开发出了第一台模拟空分式用户交换机，让华为成功地完成了从代理商向自主研发的制造商的第一次转型。有一次，公司高层在开会的时候，任正非指着郑宝用说："郑宝用，一个能顶一万个。"然后指着另外一位公司高层领导说："你，一万个只能顶一个。"这足见任正非当时对郑宝用的器重和依赖。

在初期，任正非对于技术人才可谓求贤若渴，不惜一切代价招聘人才，对国内重点理工大学的应届毕业生甚至采取"掠夺式"的策略。这样一方面可以满足华为的内需，另一方面可以减少人才流进其他竞争对手企业。

时至今日，华为依然还有招聘应届大学生的习惯，每年会从各个国内、国际一流大学招聘对口专业人才，如通信工程、计算机技术、电子信息类人才。另外，很多优秀的学生有机会到华为实习，如果表现出色，有机会直接被留下来。

2019 年，华为在全球范围公开招聘顶尖人才，涉及计算机科学、物理学、材料学、芯片、智能制造及化学领域。华为公司内部公布了 8 名顶尖学生的年薪方案。这 8 名人员全部为 2019 届应届顶尖学生，均为博士学历，其年薪最低为 89.6 万元，最高为 201 万元。多年来，除了开出与其他公司相比高出一截的优厚年薪之外，华为还更加注重人性化福利，比如新员工从外地前来报到时，其花费的火车硬卧车票、市内交通费用、体检费等都由华为公司承担。华为的这种惠及人才、吸引人才的举措，在业界也是屈指可数的。

任正非认为："人才就是华为最硬的底气。"因此，在人才选拔上，华为锁住全国各大高校，从"雄心万丈的穷小子"当中选拔人才、以高薪吸引高等人才的举措，足以说明华为对优秀人才的重视。另外，华为在招聘人才的时候，并不是对人才空缺的单一补充，而是大胆招揽各种潜力独显的战略储备型人才，以应对将来的不确定性。在华为"天下英雄尽入吾彀中"是其人才战略思想。在华为看来，即便是像一张白纸一样的优秀毕业生也可以培养成能在市场拓展和产品研发中独当一面的优秀员工，这样就能很好地满足华为求贤若渴的需求，即便前期为此做了很多付出和投资，也是非常值得的。

华为的这种人才任用思想和战略，比起那些保守派来讲，更加大胆和有远见，只要人才优秀，只要能促进企业的发展，就要不惜一切代价将人才攥在自己手中。这充分体现的是华为以奋斗者为本的思想。也正是因此，华为成为中国最早将人才作为核心资产运营的企业，其人力资源管理是华为 30 多年来持续发展的关键源动力。

2. 奋斗者必有回报

人才与企业本来就是相互作用和相互成就的，并不是单项索取。一方面，人才帮助企业发展和壮大；另一方面，企业作为回报将会对人才给予激励。

在华为，优秀的奋斗者，从来不会被亏待。华为都会给予合理的回报，如“不让雷锋吃亏”，就是典型的坚持以奋斗者为本的表现。

多年来，华为一直秉承着“不让雷锋吃亏”这一理念，作为华为的员工，只要为公司做出了贡献，那么公司一定会对员工进行回报，提供高于业界的薪酬以及良好的工作、生活、保险、医疗条件等。

为此，《华为基本法》中的第六十九条还专门做出了规定：“我们在报酬与待遇上，坚定不移向优秀员工倾斜。”

很多企业给员工的薪金待遇是按照职位高低来分配的，这种做法反而使得真正为企业出力的基层人员没有得到相应的回报，而那些能力一般、没有付出太多劳动的员工却得到了更多的好处。这样，久而久之，企业内部的平衡就会被打破，还有谁真正愿意为这样的企业干活和付出？

华为将员工分为三种类型，并且给予不同的报酬。

第一类是普通劳动者，这类员工只是把工作作为一种谋生手段，他们拿着固定工资来维持自己的生计，并不会给企业创造出多少有用的价值。

对于这类员工，华为会适当考虑任用，会根据公司的发展状况，在一定范围内给予他们合理的报酬。

第二类是一般奋斗者，这类员工在企业中存在的数量比较大，他们奠定了企业的稳定发展。与普通员工相比，这类员工所创造的价值要高于所获得的回报。

华为会对这类员工优先考虑加薪升职，也会在他们的薪资之外，给予额外的奖励。

第三类是卓有成效的奋斗者，这类员工按照对华为的付出排列，是站在金字塔顶端的优秀员工，他们为华为带来的价值要远超过华为支付给他们的成本。对于这类员工，向来是企业可遇不可求的，也是企业非常重视的员工。

华为对于这类员工，会根据他们为企业创造的实际价值提供更高的职位和薪金，与此同时还拿出华为的一部分股权分给他们。正如任正非所说："薪酬激励的对标分析要提高合理性，要管理好拉车人和坐车人的分配比例，让拉车人比坐车人拿得多，拉车人在拉车时比不拉车的时候要拿得多。"

华为的这种薪酬制度，实际上是终结了以往"大锅饭"时代人人都能领工资，结束了以往按照工龄、学历、职称发工资的模式，而是按照绩效来决定薪酬。只要员工为公司做出了贡献，那么公司就会毫不吝啬地对员工进行回报，为员工提供高于业界平均水平的薪酬，甚至是良好的工作环境、生活、保险、医疗条件等。这样就能将资金用到刀刃上，无论是华为还是华为的员工，双方皆大欢喜。简言之，员工有多大雄心、有多大能力、有多大潜力，华为就会给多大的薪酬。这也正是华为重视奋斗者，以奋斗者为本的重要体现。

"光让马儿跑，不给马儿草"的企业，肯定会让员工大为不满，这样必然人心涣散，不利于企业的持续发展。只有采用员工激励机制，按照对公司贡献的大小和多少，给员工公平的物质和非物质激励，才能让员工"扬鞭奋蹄"，为企业连创佳绩。

总之，华为并不是一个一味从员工身上索取的企业，它根据奋斗者的价值给予其相应的奖励，这是华为发展道路上激励员工为华为创造更大价值的一条行之有效的途径。华为的这种“坚持以奋斗者为本”的理念，使得其收获了成功，同时也证明“以奋斗者为本”是华为发展过程中的正确选择。只有“以奋斗者为本”，才能让华为的奋斗精神常存，才能让华为坚持艰苦奋斗的路线不动摇。

时刻做好艰苦奋斗的准备

一个人，要想成功，除了学识、能力、智慧、财富、人脉等，更重要的一点就是要有一颗艰苦奋斗的心。但凡那些获得成功的伟大人士，其成功和伟大背后隐藏的无不是不为人知的艰苦奋斗的过程和精力。如果说能力是一个人成功的工具，那么奋斗精神或奋斗意识就是引导其成功的指明灯。

在以往，作为企业的一名员工，往往考虑最多的是待遇和工作压力，很少有人谈论自己的奋斗情况。在过去，员工每天的工作量和工作时间在不断缩减，假期也开始不断增多，福利也逐渐有所提升，但依然有很多员工觉得自己不自由，依然在工作上缺乏动力。造成这种情形的原因就是员工缺乏奋斗精神和奋斗意识，他们工作的目的只落在了生存和养家糊口层面，并不是将工作与自己的事业发展联系在一起。

然而，华为的每位员工除了有学历、有能力，还有一点非常出众的特点就是奋斗，他们能够时刻为艰苦奋斗做好准备。任正非说："在华为，改变命运的途径只有两个，一是奋斗，二是贡献。"

华为坚持"以奋斗者为本"的理念，作为一名华为人，自然也要有艰苦奋斗的精神和意识，时刻准备当好一名奋斗者，成为一名"拼命三郎"，为华为积极创造价值，成为华为不断发展的中流砥柱。

任正非在招聘员工谈到工作待遇时，表情略微严肃地说："进了华为就等于进了坟墓。"这样的比喻虽然有些玩笑的意味，但任正非这么说，一方面意味着进入华为不是来享受的，不是为了让自己更加轻松的，而是要体验巨大的工作压力，将压力化作工作的动力；另一方面也意味着环境比较艰苦。总之，进入华为的员工，就一定要有艰苦奋斗的精神，做好艰苦奋斗的心理准备。所以在华为，员工加班是十分常见的事情，每个员工在进入华为之前也都早已做好了心理建设：要想有所成就，就必须做好牺牲和艰苦奋斗的准备。

所以，在进入华为之前，每位员工都要签署一份特殊的协议——《奋斗者协议》。在协议中，奋斗者必须确保自身在业绩考核中达标，并申明自己要主动放弃带薪年假和法定假期、放弃加班费、自愿买断工龄等条件。凡是自愿签署这份协议的员工，都是已经做好了艰苦奋斗准备的人。

任正非作为华为的领导者，为了起到表率作用，早已加入到企业发展和壮大的队伍当中。早期，在创建华为之时，任正非就已经做好了艰苦奋斗的准备。任正非租了深圳宝安区蚝业村工业大厦的三楼，在这层楼上被划分为单板、电源、综测、准备四个工段，而且库房和厨房也同在一层。十几张床贴着墙边一字排开，床不够就用泡沫板上加床垫代替。后来，大家将这段艰苦奋斗的经历称为"垫子文化"。如果上班累了就趴在桌子上，或者在泡沫板、纸板上席地而卧，睡一会儿醒来接着干。由于整层楼没有空调，只有吊扇，所以大家在高温下作业，经常热的汗流满面。每天加班到很晚，才熄灯睡觉。有时候，大半夜突然来了车货，像蓄电池、机柜等，大家都立即起来，忙碌着将货卸完才去继续睡觉。任正非也与员工在这里同吃、同睡、同工作。

时至今日，在世人眼中，华为已经是一个伟大的成功者，但是华为对此并不满意，依然认为华为的“垫子文化”还需要继续坚持。

任正非依然为了企业的发展和壮大，每日以公司为家，整日泡在工作中。现在，很少有企业的创业者和领导人能够像任正非这样去工作。任正非就是一个以奋斗者为中心、以公司为家的“过来人”。几乎每一个进入华为的人，都能快速融入这种“垫子文化”和氛围当中。华为的每个研发人员都有自己的一张床垫，卷放在铁柜的底层，或者放在办公桌的下面。午休的时候，员工席地而卧；晚上加班的时候，不回宿舍，累了就躺在这张床垫上，休息一会儿，醒了爬起来继续干。就连任正非本人的办公室里也有一个简陋的小床。在华为流行着这样一句话：“一张床垫半个家。”显然，华为人已经将这个常年伴随自己的床垫当作自己的家。

如今，随着华为规模越来越大、员工数量越来越多，华为逐渐转战国际通信市场。在国际通信市场已经被爱立信、西门子等国际巨头企业所占领之后，华为要想在与这些企业竞争中能够争得一席之地还是非常困难的，因此华为暂时放弃国际通信技术应用相对饱和的地区，转战非洲、印度等尚未开发的领域。

在非洲开拓市场，对于华为来讲是一项非常艰难的任务。谈及在非洲的工作，华为的非洲驻地代表回忆起当时的状况，表示在非洲工作的两年是最艰苦的，不但要克服恶劣的环境，还要时刻面临安全问题。由于水土不服的原因，身体素质逐渐变差，再加上那段时间非洲经常爆发各种疾病，很难治愈。在这种情况下，华为员工只能凭借自己强大的自制力和忍耐力在工作岗位上坚守，为华为开拓海外市场贡献出一份微薄的力量。

现在的华为，已经冲到了国际级企业的位置，并且拥有不可撼动的市场地位，但华为人还依然怀着一颗时刻准备艰苦奋斗的心。无论面对什么样的困难，无论是疾病还是战火，华为人从来都没有退缩，他们无怨无悔地走在艰苦奋斗的路上。

正如任正非所说："幸福不会从天而降，只有靠劳动来创造，唯有艰苦奋斗才可能让我们的未来有希望。除此以外，别无他法。从来没有什么救世主，也不能靠神仙、皇帝，要创造幸福的生活，全靠我们自己。"

相信很少有像华为这样的企业，它的员工能够用自己的实际行动将华为的艰苦奋斗的精神传承下去。虽然有人认为艰苦奋斗只有在过去极为艰苦的环境中才是需要的精神，在如今国家富裕、民族振兴的时代，艰苦奋斗已经成为过去式，如果还要坚持艰苦奋斗，有点不太合时宜。其实这种想法并不被认可。当今，国家繁荣昌盛，各行业发展日新月异，艰苦奋斗作为老一辈所坚持的优良传统，依旧需要我们能够戒骄戒躁，用心去传承。因为贪图享乐，不愿再过艰苦的生活，只会滋生好逸恶劳的情绪，使得人停滞不前。

对于一个企业来讲，也是同样的道理。一个没有艰苦奋斗精神的企业，一个没有时刻准备艰苦奋斗员工的企业，又何来基业常青？

人性本来就是有弱点的，在艰苦奋斗和轻松享乐面前，人们往往会避难趋易，所以发扬艰苦奋斗的精神说起来容易做起来难，难就难在人性弱点和自我约束能力的抗衡。当一个人头脑清醒、思维清晰、明辨是非时，就能用自己强大的意志力和自我约束的行动力来战胜内心的弱点，朝着艰苦奋斗精神迎上去。如果每个员工都能做到这一点，那么这个企业必定能像华为一样快速崛起，屹立于世界之林。

烧不死的鸟是凤凰

人生中所有的幸福都要靠奋斗换来，一个企业的成功自然也需要奋斗。艰苦奋斗可以理解为“为实现目标，乐于吃苦，乐于奋斗”。无论是一个人还是一个企业，在奋斗的路上坎坷和险阻是在所难免的，而我们在追求幸福、追逐成功的时候，如果因为一些坎坷、挫折而打消了我们奋斗的积极性，并选择就此放弃，那么我们最初所憧憬的幸福和成功必将离我们越来越远。

只有那些在艰苦奋斗中能够跌倒再爬起来继续战斗的人和企业，才能成为别人眼中的伟大人物和伟大企业。华为在人才培养上所推崇的就是这样的规则，这也正是任正非所说的“烧不死的鸟是凤凰”的最好诠释。

华为将奋斗作为人才培养的首要规则来传承，在华为工作的每一位员工，也一定会有人因此而感到委屈。然而那些不能承受委屈，总是计较个人得失，总是缺乏责任心的人，是不能做大梁，不能很好地为华为做贡献的，是在耗费自己的青春和生命。但是，对于那些奋斗者而言，他们所获得的机会是均等的，只要不懈努力，凤凰终将涅槃重生。

毛生江曾是华为中的一名风云人物，也是任正非非常看重的员工，因此公司有意培养他，可以说毛生江当时的前途一片光明。当时毛生江在市场部担任代总裁的职务，是市场部的二号人物。随着华为内部改革，“先辞职，再重新竞业”成为华为全新的人才甄选方式。毛生江也成为改革中的一员，他辞掉了代总裁的职务加入岗位竞争当中。然而，在进入新工作岗位后，毛生江成了终端事业部总经理，相当于职务降级，此项工作对于毛生江来讲是陌生的，环境对于毛生江来讲是比较艰苦的，随之而来的是工资的缩减，毛生江为此感到不满。

但很快，毛生江意识到，这或许是上天给自己的一次考验，自己在岗位竞争中被降级，只能说明自己的能力还不够，不足以胜任原来的职位，所以没有必要因此而耿耿于怀。没有人愿意心甘情愿去接受磨难，但为了华为的兴旺和发展，毛生江甘愿为华为付出自己的青春、热血和汗水。

所以，毛生江将全部精力投入新的工作当中，他顶住市场压力，积极开拓新市场，短短一年的时间，毛生江就在工作上取得了丰硕的成果，当年的市场销售额大幅提升，同比增长了50%，回款率更是接近90%。这次职位下放，使得毛生江得到了很好的锻炼，个人能力也得到了很好的提升。

在接到公司的新任命之后，毛生江回到华安伟公司，并担任执行副总裁。毛生江万万没想到自己在华为的职业生涯能够有如此巨大的变化，这对他个人的成长和能力的提升有十分重要的意义。但是，华为有很多员工，因为心态没有调整好，对于华为内部改革难以接受，不能适应新的艰苦的工作环境，导致心态失衡，最终选择离开华为。而毛生江能够在困境中坚持下来，并奋发图强，在浴火后得以重生。像毛生江这样的优秀品质是华为最为需要的。为此，任正非对毛生江给出了很高的赞扬，他认为毛生江就是“烧不死的鸟”，就是浴火重生的凤凰。只有那些不怕挫折，能够在困难面前勇往直前的人，才是华为真正可以委以重任的人。同时，任正非还认为毛生江的这种奋斗精神是可以永存的。如果华为没有像毛生江一样勇于承担、勤于奋斗的人，华为是很难在发展中前行的。

人生中遭遇挫折、坎坷、艰难的处境在所难免，在这种情况下，不同的人会选择不同的对策，而不同的行为最终带来不同的结果。有的人选择了放弃对未来的追逐，于是逐渐离自己的梦想渐行渐远；有的人不愿在挫折、困境面前沦为“无能者”“失败者”，而是“明知蜀道难，偏向蜀山行”，要用自己的努力来证明自己是一个在挫折中始终保持强大斗志，勇往直前的人。任何一个人，要想获得成功，都必须经过千锤百炼，承受住各种苦难和折磨。只有这样才能提升自己的抗压能力，才能在艰苦奋斗过程中找到自己的弱点并不断改进，这样的人才能在品格和能力上得以提升，成为更好的自己。

在华为人眼中，任何在挫折、艰苦环境中依然能不懈努力和奋斗的人，都是在进行自我救赎，是对自我的一次改善和提升，让自己更加具有斗志。要想生存和发展，没有什么外力可以依赖，唯有靠自己不懈努力，只有比别人更多一点奋斗，才能成为华为卓有成效的奋斗者。这是每个人发展的必经之路，也是每个华为人应当承担的责任。

只有越来越多的华为人将这种奋斗传承下去，让更多的人自主践行奋斗精神，整个企业才能时刻保持强大的斗志和活力。

第二章　创业
——用行动实现人生价值

华为人才培养的第二条规则是创业，所谓“创业”，即做事情有梦想、有野心、有实干、有坚持。遇到任何事情都能用乐观的心态去看待，富有激情地开创新思想、新观念，用乐观的态度，拿出实际行动去实现自己的人生价值。在华为，每一个人都带着一种创业精神去实现自己的梦想，不断努力奋斗、坚持不已，最终都创造出了令人惊叹的奇迹。

创业就要敢想敢做

每一个有雄心、有抱负的人，都敢于拼搏，创造出属于自己的一片天。正如一句话说得好：十个想法不如一个行动。只有那些敢想敢做的人，才能获得创业成功的机会。因为敢想，所以梦想一直都在眼前；因为敢做，所以成功并不遥远。

我们周围并不缺乏梦想家，缺乏的是那些敢为梦想而坚持努力奋斗的人。而我们所见所闻的创业成功人士，他们的成功，靠的就是敢想敢做敢坚持。

任正非作为华为的领袖和创始人，就是一个很好的标杆性人物。

任正非出生在一个教师家庭，1974 年应征入伍，作为一名基建工程兵，承担起国家工程建设任务。

1982 年，对于任正非来说，是人生中最有意义的一年。这一年，任正非结束了 8 年的军旅生活，从此走上了大不相同的人生。八年的军旅生涯结束后，刚刚走向社会的任正非，对于外面的世界是非常迷茫的，同时也让他因为生计问题而倍感压力，他不知道自己该如何抉择自己接下来的人生，也不知道自己未来的路该朝什么方向走。就在这个时候，任正非接到一条上级通知，因为国家非常重视技术骨干的培养和任用，所以任正非作为一名基建工程兵，可以享受特殊待遇：去军事科研基地，可以带家属。上级给出的这样的安排，对于正在迷茫时期的任正非来讲，是再好不过的了。

当全家来到军事科研基地之后，孩子们对四周的环境充满了好奇，然而任正非幼小的女儿当时说了这样一句话："爸爸，这个地方好荒凉啊！"女儿的一句话让任正非内心感触颇深，觉得自己亏欠孩子很多。为此，任正非在"去"和"留"这两个问题上纠结了很久。最终他还是做了一个艰难的抉择：放弃了部队的安排，选择了亲情。任正非做出这样的决定，就意味着自己在告别军队，割舍掉很多年的生活方式，重新寻找新的出路来维持家庭生计。

恰逢当时国家正在全面进行经济特区建设，所以这就为任正非接下来的工作方向提供了一个很好的契机。于是，任正非举家来到了当时还只是小镇的深圳经济特区，从此任正非踏上了他的另一段人生征程。

来到这个让任正非感到陌生而又兴奋的城市，任正非憧憬着能够打出一片新天地。随后，任正非和妻子先后进了深圳的一家名叫南油集团的企业工作，这里可以说是深圳改革的"试验田"，是当时深圳最好的企业之一。任正非在这家公司担任南油集团旗下的一家电子公司的副总经理职务。

在这里工作一段时间后，任正非发现交换机技术产业是一个极具发展前景的产业，于是他主动说服老板在这方面进行研究。为了报答公司，他更加辛苦工作，谈了一笔 200 万元的大单子，从签订合同到最后交货，这一系列流程，都由他亲自把关。原本以为这笔订单可以为自己带来荣耀，给公司带来收益，然而没想到的是这笔订单为他带来的却是灾难。在发货之后，任正非发现合作方迟迟没有打款，于是电话联系对方，刚开始对方是找理由敷衍，后来干脆玩起了消失，电话都打不通了。这时，任正非才意识到自己被骗了，这样200万元的货物就此打了水漂。

200万元，即便放到现在也是一笔不小的数目，更何况三十多年前。在当时每月工资按百位数来计算的年代，200万元无异于一个天文数字。可想而知，任正非需要为此承担多大的责任。任正非不得不背负着巨额的债务，主动从这家企业辞职。从事工作以来，任正非不幸遭遇了“滑铁卢”，使得任正非的人生遭遇了第一个“陡坡”。

一次失败并没有打消任正非创业的想法，这次任正非决定自主创业。处于中年危机中的任正非没有时间去感伤自己的人生，家庭的责任，事业的急迫，使得他走上了一条下海干实事的道路。就这样，深圳少了一个国企干部，中国多了一个高科技企业的“教父”。

然而，具体创哪方面的业，任正非并没有做好决定。一次偶然的机会，一个同学找任正非帮他卖交换机设备，这为任正非真正走上创业之路提供了契机，任正非从此开始与交换机打起了交道。

1987年，任正非认为时机已经成熟，该是自主创业的时候了。于是他说干就干，带着6个人，拿着21000元，就开始创业，在工商局注册了华为通信技术有限公司，意为中华有为。谁也没有想到，这样一个从军队中走出来，有过一段打工生涯的男人，在44岁的时候却开始了自己的创业生涯。并且在仅有14名员工的运作下，从一个落魄不堪的小公司，像一匹黑马一样，在这个行业一路高歌猛进。在几十年之后，逐渐发展成了世界级大企业，甚至还创造了通信制造业的惊人奇迹。

如今任正非创办的公司，将自己的想法通过不懈努力终于实现，不但让他破釜沉舟，收获了成功，还使得华为有能力与世界级企业竞争。任正非的成功，与大多数人一样并非一路坦途，然而他的人生已经足够精彩了。任正非在回顾自己的人生历程时，有过这样的感慨："时光不能倒流，如果人能够从 80 岁开始倒过来活的话，人生一定会更加精彩。"

任正非人生的精彩，源于自己的敢想与敢做，更重要的是他无论有多么惨淡的经历，依旧能够保持永不磨灭的热情。试想，当初任正非如果只是在脑海中有过放弃部队安排的想法，如果只是有过创业的想法，而没有为这样的想法付出实际行动，那么也就不会有如今的华为。

创业本身就不是一件简单的事情，也不是一件光凭脑袋想想就能实现的事情，而是需要我们放手大胆去干的。作为一个创业者来讲，不但要有想法，还要行动起来，也不要管别人相不相信，最重要的是有梦想就要大胆勇敢地去追梦，这样才会成功。

任正非当初对通信产业和通信技术一无所知，没有人相信这样疯狂的"门外汉"能够创造出什么样的人生前景。尽管如此，任正非也没有放弃，他相信总有一天华为可以发展得更加强大。有信念、有目标，抱着乐观的心态放手去做，所以任正非创建的华为成功了。

创业要有持续的激情

一个人，既然选择了创业，就意味着需要付出更多的心血，花费更多的时间去谋略自己未来要走的路，也需要坚持守护你所走的创业之路。

另外，除了敢想敢做，还必须脑子灵活，对本行业的发展有敏锐的洞悉能力，还要有持续的创业热情和激情，有雷厉风行的魄力，去支持你的想法不断变现，鞭策你为了自己的创业梦想而付诸行动。在这之后，你就会深刻地体会到一个创业者独有的成就感。

任正非作为华为的领袖，在华为内部提倡“狼性文化”。狼本身是一种野性、贪婪、残暴的动物，然而面对猎物，狼的眼里总是闪烁着强烈的渴求和欲望，对于猎物的追逐也总是富有持续的激情和动力。

将“狼性文化”作为华为的一种文化，体现的是任正非对企业和员工寄予的厚望。希望员工能够对工作和事业孜孜不倦地追求；在事业遇到困境时，能够毫不气馁地攻克；在事业的道路上能够充满激情，奋力拼搏；在确定事业目标后，要有锲而不舍、不达目的誓不罢休的决心。这一切，归根结底就是让每个员工都能时刻保持持续的激情。

如今是一个竞争的时代，一个企业，尤其是一个初创企业，在残酷的企业竞争中会被撞得头破血流、败下阵来是极为常见的事情。然而要想让企业在竞争中能够生存、发展、立于不败之地，最重要的就是需要每位员工有持续的激情，为夺取事业的胜利而燃烧激情。

任正非本身也是一个典型的富有激情的创业者。任正非在南油集团工作，虽然以失败告终，并且还背负着200万元的债务，然而他并没有因为一次失败就放弃对事业的追逐。因此，任正非拿着2万元注册了深圳华为公司，代理模拟交换机业务。

在此之前，原邮电部电信科学技术研究院院长熊秉群先生在总结中国电信产业30年历程的时候，这样说过："中国电信产业发展可以分为三个阶段：第一个阶段是在上世纪（20世纪）80年代，在这个阶段各个企业可以购买国外的设备或者是建立合资企业的方式进行发展。正是有了这些合资企业，才使国内的制造企业数量有了一定的增加。第二个阶段是在上世纪（20世纪）90年代，最主要的就是在程控交换机方面的突破。第三个阶段，就是进入21世纪通信产业突飞猛进发展的10年。"

在卖设备的过程中，任正非看到了中国电信对程控交换机的渴望，同时也看到了整个市场被跨国公司所把持。当时，几乎国内使用的所有通信设备都是进口的，包括加拿大北电、瑞典爱立信、德国西门子、比利时贝尔、日本富士通等。而民族企业在其中完全没有立足之地。即便现状如此，但任正非依旧带着满腔热忱，信心满满地在这些"大咖"的加持下，硬着头皮往里边挤，希望能够通过自己的努力研发出属于中国人自己的程控交换机。

虽然华为一路走来，有过艰辛，有过成功，有过失败，但无论任何时候，无论环境再艰难、市场竞争再激烈，任正非最初创业时的激情从未有丝毫消减。因为华为身上的狼性文化：敏锐的嗅觉、不屈不挠、奋不顾身、富有激情的精神，这些是华为这匹“狼”在厮杀中成功的原因，并且在市场竞争中，华为的“狼性文化”形成了一种不可思议的力量，在一定程度上保证了华为在初创时期的成功和发展。

稳健发展需要有持久的耐性

一个人，能否将事情办好，体现的不仅仅是一个人的能力，更是一种对其耐性的考验。有耐性的人，做任何事情总是不急不躁，遇事不厌烦。创业同样需要耐性，持久的耐性是一个企业能够稳健发展的基础。

古人云：“小不忍，则乱大谋。”创业本身就不是一件一蹴而就的事情，指望在短时间一夜暴富是非常不现实的，你所花费的时间和精力、资金在这里不叫投资，而叫投机。美国投资大师巴菲特说过：“成功的投资需要时间和耐性。”创业就是一种投资，然而在这条投资路上，要想稳健发展，就必须有持久的耐性。

华为在最开始的时候也并不是一帆风顺的，而是在一次次坚持下才最终成功的。

1991 年，华为拿出了全部家底，投入了所有心血，开始研发首批交换机。众所周知，通信设备行业是一个资金、技术密集的行业，除了来自国内“友商”的竞争，跨国公司更是对这一领域虎视眈眈，这意味着华为只有开发出比别人更优秀的产品才能在市场中生存下来。

1992年，华为筹备了一个JK1000局用机项目。由于在这方面缺乏质控经验，所以JK1000成品的防雷效果较差，设备进场出现起火的情况。再加上市场中数字交换机新产品的出现，给华为带来了极为严重的打击。在推出的第一天，JK1000被寄予了厚望，但却让人失望，成了行业中的落伍之物，销量也十分惨淡，只卖出了200多套。

这次的失败，给华为带来的损失是巨大的，超过亿元的投资就这样泡了汤，把华为辛苦攒下来的家底全部耗干了。甚至到了给员工发工资的日子，华为不得不给员工打白条。重压之下，任正非仍然没有放弃，而是用自己的耐性依旧坚持搞研发。在华为资金严重短缺的情况下，华为又押宝在了“C&C08”数字交换机项目上。而这一次押注，是华为以全部资产作为本钱的最后一搏。

在召开内部动员大会时，任正非站在5楼会议室的窗边，非常严肃地说：“这次研发如果失败，我只有从楼上跳下去，你们还可以另谋出路。”但事实上，任正非和华为赢下了这个赌局。

1994年8月，“C&C08”数字交换机在江苏邳州开局，经过两个月的上线调试，最终大获成功，其价格比国外同类产品低2/3，为华为占领了市场，直至今日。当产品推向市场后受到了极大的认可，横扫中国电信市场，刺激了任正非和华为对研发投入的积极性。1994年，华为一年的销售额就达到了8亿元，此后每年翻倍增长，使得华为成为全球交换机销量最大的企业，同时也使得华为成了交换机市场上最大的供应者。

在当时，华为缺乏最基础的研发环境，甚至连最基本的测试设备也没有，工程师们不得不通过人工通话和肉眼观察的方式来检测外加工电路板的质量。华为能在这样的环境和条件下取得成功，能够在早期经历各种艰难险阻后迎来爆发式生长，并不是幸运，也不是偶然，而是具有持久的耐性而产生的必然结果。正所谓只要工夫深，铁杵磨成针，长期的积累，持久的耐性，使得华为终于厚积薄发。

《华为人报》在1996年发表过这样一篇文章：《板凳要坐十年冷》，其中提倡的就是："科学就是老老实实的学问，要有坚定不移的精益工作目标，要有跟随社会进步与市场需求的灵活机动的战略战术。"任正非在发表讲话的时候也提到："高科技领域最大的问题就是大家要沉得下心，没有理论基础的创新是不可能做成大产业的。冷板凳要坐十年。"的确，坐冷板凳不容易，尤其是能够沉下心来，有长期坐冷板凳的耐性，更不容易。

创业是十分艰苦的，也是太多人容易中途放弃的，因此创业更加适合没有退路的人。任正非带领着团队硬着头皮创业，即便在最艰难的时候，还是朝着自己的目标一路不懈努力。在创业路上，没有谁能随随便便成功。创业能否成功，拼的就是一颗经历过沧桑的平常心，一份持久不动摇的耐性。能够在冷板凳上坐的是一代英豪，而能够像华为一样在冷板凳上一坐就是几十年的企业，则是一代枭雄。

做企业要把眼光放眼全球

俗话说："平庸者，目光短浅；伟大者，睥睨天下。"一个企业的品牌是企业的整体形象，品牌响亮了，企业的形象才能高大起来，未来的生意才能越做越好；一个卓越的企业领袖深知，要放眼全球，在全球树立良好形象，实施全球战略才能在竞争中取胜。

华为就是一个在任正非卓越领导者的引导下，将眼光放眼全球的企业。华为不仅要在国内成为实力雄厚的企业，还要在国际上形成超强的品牌影响力，这一点我们从"华为"这两个字的含义——"中华有为"中就能看出其深意。

华为作为一家通信企业，为了提升品牌形象、推销自己的产品，最重要的和常用的手段就是参加展会。所以，只要有国际通信展会召开，任正非都会派出几名员工参加，借着这个大好机会来为华为做宣传。

从 1995 年开始，华为参加过几十个国际顶级的展览会。并且在 1995 年、1999 年、2003 年参加 ITU 展会的时候，每次都会租下一个 505 平方米的展台，成为展厅中场面最大的厂商，也通过这样的震撼场面给西方的电信运营商留下了深刻的印象。虽然租一个如此大的展台需要投入的开销很大，至少需要一个亿，但任正非却认为这样做能够为华为打造一个颇具实力的品牌形象，是非常值得的。

而且，为了参加展会，每位员工都会花心思布展，想方设法向世界展示华为的品牌形象。华为的展台通常会与一些国际巨头的展台相邻，并且每次都比这些国际巨头的展台规模要大很多，布置方面也非常精细，正因如此，华为吸引了越来越多人的关注。每次展会上，华为都会将自己的一些新产品和新技术展示出来，希望通过这种方式，让更多的人能够看到华为的强大实力。通过一次次的展会，全世界越来越多的人认识了华为，对华为有了更多的了解，并记住了华为。

在以往，华为很少在国内做广告来为自己宣传。然而从 2005 年开始，华为投放了大量广告，并在《经济学人》《商业周刊》等国外知名杂志上刊登完整版广告。为了能够打造符合主流文化认同的国际化形象，华为甚至不惜重金邀请国际著名品牌设计公司为其换标。2006 年，华为将使用了 20 多年的华为技术有限公司标志更换为一个红色的花瓣，寓意着华为蓬勃向上，积极进取，更体现了聚焦创新、稳健、和谐的理念，这个图标大气、简洁中流露出华为的国际化品牌气质。

除此以外，华为还在战略上体现出目光长远的特点。众所周知，华为手机无论在性能还是外观上都是非常不错的，也比较能够符合大众购买的心理，同时，华为还有自己的芯片技术。但是让人感到难以置信的是，华为选择英国作为芯片制造基地，而不是中国。这到底是为什么呢?

一方面，华为在芯片制造技术方面比较落后，所以在芯片制造方面需要更多的人力、物力、财力作为支持，而英国恰好是一个芯片人才较多的地方，正好能够满足华为芯片制造的需求。

另一方面，将芯片制造基地选择在英国落脚，是因为英国距离荷兰比较近。芯片制造加工的核心设备是光刻机，而荷兰生产光刻机。正所谓“近水楼台先得月”，华为比邻荷兰，能够有效降低芯片制造的成本。如果将工厂建在国内，先不考虑芯片制造成本、不考虑芯片的制造产能、不考虑工厂的规模，但芯片制造需要过硬的技术，没有技术是不行的。如果没有扎实的芯片技术作为支持，芯片研发就会周期长、成本高、性价比低，同时也因为这些因素而拉低了华为的品牌形象。只有获得强有力的技术支持，才能开发出更具性价比的芯片产品，才能让更多的用户喜欢上华为的产品，进而爱上华为。华为将芯片工厂建立在英国，就会吸引更多的国内外芯片技术人员参与进来，由此获得更多的技术资源。这对于华为的长久、可持续发展大有裨益。

显然，华为为了自己的未来，也是下了功夫的。华为采用这样的发展战略，说明华为在发展问题上目光长远，能够放眼全球，放眼国际，考虑到芯片不仅仅中国使用，全世界都可以使用它。任正非也说过：“华为的芯片可以为友商供货。”从这句话很容易看出来，华为的目光不仅仅在国内，还放眼全球。作为一个企业，一个富有朝气的企业，每走一步都能够用长远的眼光去考虑自身未来的发展，华为的明天一定会更好。

第三章　专注
——沉下心来做事业

华为人才培养的第三条规则是专注，华为也是一个一心只做一件事的企业。在华为，战略定力超越一切，这更是从上到下贯彻了华为做企业、培养人才的专注精神和品质。华为的成功则更好地诠释了“专注制胜”这一成功的秘诀。

华为的成功在于“傻投入”

很多企业都羡慕华为的成功，一个没资金、没人才、没技术、没管理、没资源，一个在破旧厂房里诞生的小作坊，如今能够成为国内顶级企业，成为国际上屈指可数的“大巨头”，如此的变化，实在让人惊叹不已。然而，在羡慕和惊叹之余，让很多企业所好奇的是，华为是靠什么发家致富的？凭借什么走上国际化“神坛”的？

其实，华为的成功很简单，就在于一个“傻”字。

任正非说过这样一句话：“华为为什么成功，华为就是最典型的阿甘，阿甘就一个字‘傻！’阿甘精神就是目标坚定、专注执着、默默奉献、埋头苦干！华为就是阿甘，认准方向，朝着目标，傻干、傻付出、傻投入。”

看过《阿甘正传》的人都知道，阿甘的智商只有75，低于正常人的智力水平，而且说话结巴，经常被同学和战友欺负。这正如早期的华为，先天不足，但阿甘却将自己仅有的智慧、信念和力量全部集中到一点上，靠着后天努力，阿甘不顾周遭的一切，只知道凭着自己的直觉一路向前跑，他跑过了儿时同学的歧视，跑过了大学足球场，跑过了炮火纷飞的泥潭，跑遍了全美国，最终跑到了属于他的终点。这正如华为，从农村跑向了城市，跑过了落后国家、发达国家，从交换机跑向了无线网、智能网，从3G、4G跑到了如今的5G之巅，占据国际领先地位。

华为正像阿甘一样，一路小步快跑，傻傻的投入、傻傻的奋斗、傻傻的执着。

华为几乎每个员工都备有一张床垫，将其放在各自的储物铁柜中或者办公室的计算机台下，他们在午休的时候就将其拿出来席地而卧。晚上加班到深夜，很多人还依然舍不得回宿舍睡觉，就在一张床垫上睡会儿，醒来后继续干。一张床垫，成了华为人的半个家。华为这种全身心投入到工作中的精神，让很多人认为华为人是一群“傻子”。也正是这群“傻子”的“傻干劲”“傻投入”，使得华为人能够为了共同的梦想而从心里和身体上都能保持这种艰苦奋斗的作风，并构成华为文化的一道亮丽的风景线。

华为只要认定了一个方向，就会不顾一切艰难险阻奋力向前冲。创立之初，华为就将战略方向定位在通信行业。早期的通信行业比较窄，市场规模还不算大，但华为面对的却是世界级的竞争对手，既然决定了走这条路，即便竞争激烈，困难重重，华为也没有改变自己的航向，依旧集中配置资源朝着电信行业这个方向前进。

华为身处深圳这个机会之城，身边机会不断，但华为依旧不为各种机会所动，一心秉着不撞南墙不回头、不到黄河心不死的傻执着，在通信这座独木桥上傻傻地走着。而且这一走就是 33 年。

如今，33 年过去了，华为投入了大量的精力、时间和资金，华为的“傻投入”所换来的成果也浮出水面，清晰可见。2018 年，在投资经费方面，华为的研发经费为 1029 亿元，在世界排名中位列第五；在主营业务通信设备方面，华为稳居全球最大的典型设备制造商第一；在 ICT 行业，华为是 5G 网络标准的两大制定者之一；在智能手机方面，华为也在 2018 年首次成为超过苹果的全球第二大手机制造厂商；在专利方面，华为专利数量为1680项，截至2018年年底，华为专利总数达到75987项。

显然，华为在研发上投入的规模、持续性和成果都是世界上罕见的，这也成就了华为能够成为当前一段时间内技术处于世界领先地位的大好局面。

华为走到今天，靠的是华为人的“傻投入”。从最初几个人的小公司做到如今拥有十几万人的国际性大企业，从最初的几近破产做到如今年收入超过7000亿元，华为看似“傻”，但实际上隐藏着大智慧，是一种最高境界的生存智慧。

战略定力超越一切

如今，华为已经逐步向国外扩张，成为全球行业领导者之一，其成功背后凝聚了强大的意志力与定力，在这两大力量的作用下，华为一路走来都能坚持战略聚焦，持续战略投入，不断实现战略突破。在华为看来，战略定力超越一切。

华为从成立至今历经33年，在这期间全球的经济环境正在发生翻天覆地的变化，产品更迭速度惊人，创新产品总是能收割很好的市场份额，这使得很多企业耐不住诱惑和压力，为了跟随市场和追逐金钱利益而放弃了理想和初心。

尤其是科研领域，任何更迭和创新都是以技术为中心，创造更加先进、前沿的科技产品，并且对于实效性十分注重，这是研发领域的自然天性。以技术为中心的引导下创造出来的科技产品往往具有一定的诱惑力，让人看上去似乎很美。一方面，以高新技术为基准点，可以吸引客户、引导客户需求，另一方面，新型高科技产品有很大的利润空间，对于企业来讲具有极大的诱惑力，要么企业决策层看到别人赚得盆满钵满，自然也心有不甘，于是有很多科技企业开始“随大流”，向这些“美而好”的方向迁移，也要跟风上产品；要么就是看到新机会就要推出新品希望大赚一笔，但自己却在新品研发方面是弱项，最终打造出来的产品似是而非、差强人意，反而让自己栽在了上面。

恐惧和贪婪是人类的天性，大多数时候，克服贪婪要比克服恐惧难度更大，如果没有坚定的意志，在诱惑面前依然能做到岿然不动，实在是少之又少。

华为作为科研类企业，在过去的33年里，同样有很多诱惑。

20世纪40年代中期，塑胶行业在欧美发达国家兴起，也因此带动了一股塑胶花热潮，李嘉诚看到了塑胶行业中蕴藏的巨大商机，于是开始创立了长江塑胶厂，并开始大量生产塑胶花，在这股热潮的带动下，李嘉诚赚得了数千万元港币，而他的塑胶厂也一跃成为世界上规模最大的塑胶花生产工厂，李嘉诚更是因此而被称为“塑胶花大王”。

面对大热的塑胶行业，一时间有很多生产塑胶花的工厂如雨后春笋般冒了出来。然而李嘉诚预感到这个看似兴隆的塑胶产业将会在未来出现饱和，因此他当机立断放弃了当时还在盈利的塑胶花工厂，转而向玩具行业挺进。果然，一段时间后，火爆的塑胶花行业就从原来的畅销转为滞销。很多企业因此而亏得血本无归，而李嘉诚此时已经在玩具行业赚得了数千万元港币。

1958 年，在房地产行业不景气的情况下，李嘉诚却看到了未来房地产行业一定会大有作为，于是他投资数百万元开始在房地产领域寻求新的发展机遇。几年后，他购置的地皮都涨了数百倍，而李嘉诚则因此成了家喻户晓的地产大王。

李嘉诚在塑胶花、玩具、房地产领域投资，每次都能赚得盆满钵满，成功成为该领域的“大王”。然而面对塑胶花、玩具、房地产，以及后来的股票所带来的巨大诱惑，任正非并没有丝毫动摇。任正非认为，在自己的主营业务尚且不精的情况下，涉足其他产业是一种盲目跟从行为，还不如集中精力做好自己的主营业务，这样才能将华为的主营业务做大做强。

的确，华为历经 33 载，依旧坚持战略方向，不受外界诱惑，持之以恒，为实现最初的理想坚持做自己的事情。没做过一寸房地产生意，对炒股等其他领域不闻不问，只想做好一件事情，那就是长期专注于通信核心网络技术和产品开发领域。

华为将全部鸡蛋放在一个篮子里，把活下去的希望全部集中到通信核心网络技术和产品开发领域，利用压强原则，形成局部突破，逐渐取得技术上的领先和利润空间的扩张。用任正非的一句话说，华为“只对准一个城墙口冲锋”。这就好比部队要攻下一座城，在进攻的时候会选择薄弱环节，尖刀队在城墙上先撕开一个口子，两翼的部队蜂拥而上，把这个口子从两边快速拉开，千军万马碾压过去，不断扫除前进路上的障碍，最终形成不可阻挡的潮流，将缺口冲成了大道，而这座城就属于自己了。

2010 年，爱尔兰摄影师安德鲁·麦康奈尔捕捉到了这样一个镜头：

在刚果博约马瀑布附近有一个瓦格尼亚人在捕鱼，他将一个编制的巨大的木篮子放入每秒流量2.8万立方米的刚果河水中，湍急的河水会将鱼推到木篮子里。瓦格尼亚人捕鱼时必须非常专注，否则稍不留神就会被湍急的河水卷走。这种古老的捕鱼方式已经持续了数百年。

而华为却选择这一捕鱼时的情景作为广告，目的是在告诉华为的每个人：聚焦于大数据洪流中的战略性机会，不在非战略机会点上消耗战略竞争力量。

科技行业发展瞬息万变，华为正是将聚焦战略看得高于一切，所以才能在科技行业走得更远。也许制定聚焦战略并不是难事，但难的却是“看准方向”和“坚持”。

无论外部风云如何变化，华为内部始终将战略定力看得高于一切，集中精力投入核心网络研发，并且形成了自己的核心技术，不但有效增强了自身竞争力，而且在全球科技领域占有领先地位。华为的这种心无旁骛的专注精神、战略定力超越一切的伟大格局，使得华为能够不被资本裹挟，不断扎根技术创新，寻找更美好的未来。

高效的执行力离不开专注

很多时候，我们会有这样的经历：心里本来打算做好一件事情，并做好了详细的执行计划和步骤，但后来却因为种种原因，或是客观原因，或是主观原因，使这件事拖了好久都没有做成，最后时间久了也就不了了之。有时我们会因为没成功做成一件事情而遗憾终生，还使信心受到挫折，甚至怀疑自己的能力和价值。

所以，一件事情，“做了”并不等于就能够“做好”，如果有想法、有计划，但是最终却没有落实到具体行动上，没有很好地去执行，最终“做了”和“没做”的结果是一样的，一切都等于零。

要想让自己“做了”还能够“做好”，是需要高效的执行力的，而高效的执行力离不开专注，三天打鱼，两天晒网，收获自然少之又少。

无论个人，还是企业，这个道理都是相同的。对于一个企业来讲，“三分靠战略，七分靠执行”，执行力对于一个企业来讲，是成败的关键，没有好的执行力，再好的战略和决策都难以实现。

华为公司向来是注重专注度的。有一次，任正非在接受采访时，谈到他不喜欢在公众场合露面，当记者问他为什么时，任正非回答说：“一个人的精力是有限的，如果总出席一些不必要的场合，那我就不能专心做我的事情了。”

的确，过多地出席活动，会分散注意力，减少投入到工作中的精力，从而会造成工作上的力不从心或失误。很多像任正非那样优秀的成功者之所以能做成事情，并不是他们有多高的天赋，而是因为他们知道自己要什么，在有限的时间里要完成哪些事情，这才是最重要的。

任正非的这种专注精神，在华为的人才培养上也有很好的体现。

有一个华为老员工，在创业初期的时候，经常加班加点。有一次，他连续加班，竟然整整一个月都没有回家，家里人很担心，找到了公司，才知道他一直在办公室工作，一切吃住都在办公室里解决，而且他还为了防止别人打扰，刻意关掉了手机。在华为，这种高度专注、高效执行的例子只是冰山一角，很多人都有过类似的加班经历。

华为从上级到下级，每个人身上都有这种让人惊讶的倔强干劲，甚至有人认为他们的思想过于偏执，是典型的“偏执狂”。但正是这样的偏执，使他们在认准一件事情的时候，或者在做一件事情的时候，能够全身心投入其中。正是由于这样的偏执，使华为能够如此专注，每年拿出几百亿美元用于研发，才使华为如今能在最短的时间、以最快的速度，在 5G、微波以及二者的结合方面走在了世界的前列。

华为这种专注下所产生的高效执行力就好比是农民种田一样。农民往往在很大面积的田地里，只专注种植一种农作物。由于同一种农作物对生长环境、温度、湿度、施肥要求是相同的。因此，一心只对这一种农作物投入精力和时间，并且大面积种植，必然能够给他们带来更好的收成和利润。

所以，专注是能开辟成功之路，让所有的精力集中在每一个过程，让执行力变得更加高效，让人能够得到回报的一种最有价值的心灵资产，任何一件事情都能因为专注而变得伟大。当全身心聚焦一点，持续发力时，必将能快速缔造奇迹。华为的伟大和缔造的奇迹，就在于专注。

第四章　团队
——协作的力量超乎想象

一个人的力量是有限的，也是渺小的，然而“涓涓细流汇成海，点点息土聚成山”，只要将力量有限的每个人聚集在一起，打造成一个集力量、知识、资源于一体的团队，就能使团队内部的智慧和勇气在碰撞过程中，形成强有力的团队精神。在团队的协作下，只有想不到，没有做不到，团队协作的力量超乎想象。华为人才培养的第四条规则是团队，华为是一个十分注重团队规则的企业，华为的每个员工都有像狼一样的团队协作意识，在这种团队规则的作用下，每个员工能够凝心聚力，不断提高团队的竞争力，随时迎接新的挑战，这也是华为被业界纷纷追捧和学习的一个重要原因。

注重协作，摒弃个人英雄主义

“英雄”是一个十分高尚的词汇，代表的是一种勇于牺牲、坚韧不拔、永不折服的品质。然而，“个人英雄主义”，代表的是一种过于居功自傲，夸大个人作用，轻视集体智慧和力量，把个人的作用摆在集体之上的思想。

很多创业者在取得成功时，往往宣扬是自己努力奋斗的结果，却把团队成员所付出的努力抛于脑后。这种思想是典型的个人英雄主义。

华为非常急切地呼唤英雄，主张更多的英雄能够站出来，但不提倡个人英雄主义。

任正非认为，不但国家和民族需要英雄，企业也需要英雄，任正非还将这种英雄主义思想灌输给每一位员工。为此，任正非强调：领导者的责任就是要让自己的部下成为英雄，而自己成为领袖。

我们知道，一个人的能力是有限的，任何工作都大包大揽，看上去是比较放心的，实际上却让自己陷入忙碌的怪圈中，很难抽身。而真正聪明的人，并不会事必躬亲，也不会觉得只有自己做才能把事情做好、做漂亮，而是懂得充分调动身边的资源，让身边的人成为自己的帮手，这样不但可以用最少的付出完成工作，还可以让身边的帮手在能力上有更好的提升，变成越来越优秀的人。

实际上，“股神”巴菲特在这方面为我们做足了榜样。巴菲特每天的工作量大得惊人，但他却能够将每天的事情打理得井井有条，原因是什么呢？答案就是巴菲特学会了“懒”。因为巴菲特的“懒”，所以他能够数十年来坚持摒弃常规思维，将工作放心交给自己的部下去做，而且从不干涉他们，也不对他们要求经常性的工作汇报。大部分时间，巴菲特都会很轻松地待在自己没有电脑的办公室里，偶尔给自己的经销商打个电话，或者给部下下达数目惊人的指令。

巴菲特的这种工作方式看起来是“懒惰”，但实际上是十分聪慧的做法。正如美国通用电气的传奇人物杰克·韦尔奇所说：“管得少，就是管得好。”任正非对此也是十分赞同的，因为一个优秀的团队领导者，可以通过自己的领导和管理方式成就更多的英雄。正因如此，任正非一直主张去英雄化，他认为，领导人应当摒弃个人英雄主义的观念，淡化个人成就感，淡化领导干部的英雄主义色彩。

任正非作为华为的创始人、领袖，在华为的成长和壮大过程中发挥了巨大的作用，在艰苦奋斗中为华为寻找生命之光，带领华为走向辉煌。所以，外界一直都将任正非看作是披荆斩棘为华为打天下的英雄，甚至有人认为任正非就是整个华为的代表，是华为的象征，然而任正非却从来不以“英雄”自居。当外界纷纷表示是任正非用自己聪慧的头脑创造了华为如今的成就时，任正非总是连连摇头，一再声明：“（华为）不是我创造的，而是全体员工悟出来的，我最多是从一个甩手掌柜变成了一个文化教员。业界老说我神秘、伟大，其实我知道自己名不副实。真正聪明的是华为的员工。我只不过是用利益分享的方式，将他们的才智黏合起来。”

的确，华为是从一个名不见经传的小公司发展起来的，并且提倡艰苦奋斗的精神，在公司的许多地方，在华为发展的任何时候，都需要涌现出许多“英雄”，这些“英雄”为华为的发展奠定了坚实的基础。在任正非看来：“没有英雄就没有未来。”所以，为了使公司能够蓬勃发展，任正非鼓励每位员工能够充分发挥他们的个人技能和智慧，主动出击，希望每位员工都能成为英雄。如今，在华为各个部门都有很多英雄，华为的许多高层管理人员也都是从这些英雄中挑选出来的。

尤其在过去，华为初创时期的困境和艰难环境下，要想走出困境，就必须充分发挥个人优势和能力，用精神力量来引导和凝聚团队的力量一起奋斗。正如任正非所说的一句话：“将军在战争中的作用不容忽视，一般要有精神的光芒，当遇到困难或在团队中打败无助的人时，将军们必须依靠自己的精神力量带领部下走出黑暗。作为团队的领导者，他需要这样的光芒。当领导者在管理层时，他们希望员工心甘情愿地工作，而不是被动工作。作为团队的领导者，保持长期的自我激励，让你的行为影响员工的状态，要明确员工的前进方向，凝聚团队的力量。”

随着华为的不断壮大，任正非也发现一些问题：如今，社会越来越注重合作，团队协作已经成为一种趋势，过去单打独斗的方法已经不再适合时代发展的要求。企业要想在竞争中得以存活，就必须发扬团队协作互助的精神。华为如果依旧坚持个人英雄主义，会破坏公司内部的团队合作，还会给华为带来内耗，不利于华为的发展。所以华为开始呼吁员工不要再搞个人崇拜，呼吁员工不要在工作中搞个人英雄主义。

有人会认为，华为限制个人英雄主义，就是限制个性的发展。这种说法显然是错误的。个性的发展固然重要，但并不是意味着个性的发展就需要搞个人英雄主义，这两个层面是完全不相同的。不搞个人英雄主义，并不意味着不重视人才，相反更多强调的是每位员工能够最大限度地发挥自己的作用和价值，将每位员工的智慧和力量汇集起来，在团队精神的引导下，团队成员之间相互协作和共同奋进。

华为的“去个人英雄主义”并不是一句简单的口号，而是贯穿于华为人才培养的整个体系中，要求每一位干部和技术骨干都保持低调谦虚的姿态，不搞特殊化，不仗着自己的权利和地位自作主张。

华为一直被称为“狼性团队”，“狼”本身是一种群居动物，相比个人英雄主义，华为其实更加偏向于集体英雄主义。华为拥有 18 万员工，绝大多数都是高端知识分子，华为的团队在外界看来是一支虎狼之师。华为企业的发展，离不开员工的团队精神，任何一个目标的实现，都是华为的每一位英雄所为。所以，华为的每一位员工都能保持团结、相互协作，从而打造一个强大、完整的团队，发挥群策群力的作用，把华为推向一个更加美好的未来。

狼性团队的力量坚不可摧

俗话说：“人聚在一起叫聚会，心聚在一起叫团结。”企业发展过程中，商场如战场，但生死拼杀的激烈程度甚至会比战场更残酷，在刀光剑影的作战中，不是你死就是我亡。这就需要在前线作战的员工之间能够团结起来，不仅仅是人与人之间的聚集，更重要的是心与心之间的聚集。正所谓“兄弟同心，其利断金”。

所谓“团队”，就是指在做一件事情的时候不是一个人的事，而是一群人的事，无论兄弟姐妹，都是荣辱与共的。在团队中的每位成员都要适当体谅他人，要学会共同分担，共同寻求合理的途径去解决、去改善遇到的任何问题。

华为是一个十分注重团队合作的企业，任正非在1994年6月5日的《胜利祝酒词》中所讲的“胜则举杯相庆，败则拼死相救”，来源于曾国藩的湘军，意在说明要团队利益至上，团队合作第一，一切顾全大局，要求每一个人为团队而战。并且任正非还对这两句话进行了深入地阐释：“不管谁胜了，都是我们的胜利，我们大家一起庆祝；不管谁败了，都是我们的失败，我们拼死去救。企业文化就这样逐渐形成了。”这些讲的就是华为的团队精神。

华为作为一个不断发展和壮大的企业，非常注重团队培养，有人认为这是一种狼性团队精神。正如任正非所说：“发展中的企业犹如一只饥饿的野狼。”的确，华为能从短短的几年时间发展为一个众人渴望的国际性大企业，是与其狼性团队的奋斗离不开的。

狼是一种让人心生畏惧、讨厌的动物，极少有人愿意拿狼来比喻自己。同时，人对于狼又是不公平的，所以使狼总是在一些故事中扮演不光彩的角色，人们对狼逐渐开始排斥，而且将狼的优点抹杀掉。然而，华为却自诩为狼。认为自己是地道的中国本土企业，就像是“土狼”一样。其实，华为的这个比喻是十分贴切的，华为就是我国本土诞生的最杰出的“土狼”。

狼，之所以被人们看作是十分勇猛的动物，并且总是能战胜比自己更加凶猛和强壮的动物，原因就是团结。即使再强大的动物，也都难以抵抗团结协助的力量。可以说，狼性团队的力量坚不可摧。

对于狼性内涵的描述，任正非说过这样一句话："所谓狼性，就是要有敏锐的嗅觉，不屈不挠、奋不顾身的进攻精神和群体奋斗的决心，强烈的目标导向，不达目的誓不罢休的精神。"华为内部员工与员工之间构建起的关系，就是华为狼性团队文化的最好体现。

在过去，有很多业内竞争对手也将华为比作是一支由成千上万的野狼组成的团队，并这样描述华为："他们的营销能力很难被超越。人们刚开始会觉得华为人的素质很高，但换了一批素质同样高的人后，发现还是很难战胜他们。最后大家明白过来，与自己过招的远不止前沿阵地上的这几个冲锋队员，这些人的背后是一个强大的后援团队。他们有的负责技术方案设计，有的负责外围关系拓展，有的甚至已经打入竞争对手内部。一旦前方需要，马上就会有人来支援。"

可见，华为并不是几只狼在战斗，而是一群狼紧密合作，形成一个强大的难以攻克的团队。只有团队并肩作战，才能将企业推得更高更远。企业想要快速发展，就必须将个人单枪匹马的作战方式演变为集体共同奋斗的作战方式，把个人的才智融入到集体当中，组建一支更有杀伤力、更有冲劲的狼性团队。

作为高科技企业，华为这支"狼性团队"的工作总体风格是：简单、直接、粗放、严格。在这个拥有 18 万员工的大集体里，员工之间的沟通方式也十分简单，就是在日常工作中"提目标、提要求、要结果、没有多余的话"。风格直接，有话直说，对事不对人，凡事奔着工作去，奔着结果去。有的时候让人感觉有些"粗暴"，但一切都是为了结果、为了实现目标。华为的工作风格还包括不照顾颜面，对员工的要求非常严格，一切以结果为导向，不讲任何借口。这一切，锤炼了进入华为的每一位员工，使得他们能够在实战中得到真正的成长。在工作的时候能够肩负巨大压力，以必胜的信念想尽一切办法，围绕目标努力达成。这就是华为狼性团队努力奋斗的样子，这些行为特征所产生的必然结果就是“使命必达”。

为了培养员工的狼性团队意识，华为每年要对新员工进行岗位培训。每年，华为要在全球范围内招聘新员工，并且要对新员工从入职引导培训开始，到岗前实践培训，最终到在岗培训，培训时间为期 3 ~ 6 个月。

华为的员工培训，采用的是“721”法则，即员工 70% 的能力提升来自于实践，20% 来自于导师的帮助，10% 的来自于真正的学习。为了不让准新员工流失，华为还在毕业生进入企业后，将他们分配到各个业务部门去，同时还提前为他们指定好导师。导师在他们没有入职之前，就与他们进行定期电话沟通，一月一次电话，询问他们的现状，包括毕业论文状态、毕业时间、内心想法等，以时刻了解他们的动态。如果毕业生确实想进华为，在这个过程中会给他们安排一些任务，提前给他们一些有关岗位的书籍、材料等让他们了解。这些都是毕业生还没入职前要做的培训。

当员工入职之后，华为还会对其进行为期 5 天的培训，内容主要围绕企业文化展开，让新员工明白公司的相应政策和制度，以及企业的价值观，培养员工的团队意识等。此外，有一部叫作《那山，那狗，那人》的电影是每位新员工必看的，讲的是一个山区快递员的故事，其倡导的是一种敬业精神，这正是华为所追求的价值观。此外，华为还帮助员工做科学的职业生涯规划，使华为最终收获的是能够更好适应工作岗位的高精人才。

贪婪是人的基本欲望。但君子爱“才”，取之有道。华为对于人才的培训，不仅仅体现的是对人才的重视，对员工能力的提升，以及对华为文化、价值观等的传播，更重要的是希望企业员工能够更好地懂得职场的严峻性，更加懂得生存法则，这对于华为员工“狼性”的塑造起到了很好的推动作用。

为了让这种狼性团队能够永不消失，华为还主张“不让雷锋吃亏”，如果让雷锋吃亏，以后就不会有雷锋出现了。华为对雷锋的奖励，使得雷锋有了应有的回报，因而会有更多的雷锋涌现出来。这就好比狼是吃肉的，如果不给狼吃肉，狼是不愿意继续跟随的。

总而言之，“狼性团队”是华为能够持续发展的重要支撑，这不仅仅是喊口号就能打造出来的，这是一个全面的工程，从公司层面、员工能力、人才培养、激励政策等多方面都要做到位，才使得华为在头狼任正非的领导下所向披靡，从一个胜利走向又一个胜利。

团结一切可以团结的力量

做企业，最关键的两点就是钱和人。任何发展战略、方向和制度、管理等，都是为这两者服务的。然而归根结底，万事以人为本，如果没有人的参与，一切发展战略、方向、制度、管理和钱都没有意义。

所以，一个企业如何吸引人才、培养好人才，并且为己所用，这对于一个企业来讲具有至关重要的意义。

未来是一个赢家通吃的时代，企业作为人才聚集程度最高的地方，只有将内部人才打造成一支充满活力、团结奋进的队伍，团结一切可以团结的力量，向着既定的目标发起进攻，才能实现远大的理想和目标。

华为主张的就是“团结一切可以团结的力量”。任正非在一次讲话中说道：“我们要团结一切可以团结的力量，并首先从我们身边的人做起。”团结的力量是巨大的，团结一切可以团结的力量，组成统一战线，是正处于扩张时期的华为走的最正确的一条道路。华为的这一主张，能够很好地将团队精神发挥到极致，让更多的人为华为的发展而努力奋斗。

华为在人才任用方面，体现的是一种开放的态度，凡是能为华为贡献力量、知识、智慧的人，都是华为重视和重用的人。当然，华为公司所讲的“一切可以团结的力量”，并不是所有人，而是指那些有意愿、有能力、能干成事的员工，而不是为了团结而团结。对于那些不想实干、不能做事的员工，华为会根据实际情况进行调整和淘汰。

很多企业对于人才任用、团队建设方面，往往存在一定的问题。比如，领导干部徇私、吸纳人才没有开放的胸怀、缺乏包容的心态等。但华为却能摒弃绝大多数企业对于团队建设中所出现的偏见和问题。

第一，任正非建议，领导干部要有领袖心态，要能够放眼全局，不要将个人情感或好恶放到对员工的评价中。在企业中，员工之间意见不统一是再寻常不过的事情，然而如果通过意见的相同与否来“拉帮结派”、搞对立，并对于那些与自己不是一路的人则予以排斥和打压，这实际上就是一种管理的独裁和集权，是破坏企业团结的毒瘤，对华为的发展非常不利。所以任正非主张，要将持有不同意见的人团结起来，这样各抒己见才能充分发挥员工主观能动性和创造精神。

第二，在任用员工的时候心怀包容。尺有所长、寸有所短，不同的人身上所体现出来的特点和优势是有所不同的。然而不能因为某一员工在某方面发展有所欠缺，就将其“打入冷宫”，永不任用。否则，那些有经验、有想法、有抱负、想做事的人，就会因为长期被“冷漠”对待而造成其价值无法发挥。很多时候，那些有经验、有想法、有抱负、想做事的人，往往有较强的独立思考能力，他们对于企业的发展和规划往往有更加独到的见解，目光更具前瞻性，而且更加富有创造性。如果将这些人放任不用，这是企业的损失。正所谓“海纳百川，有容乃大”，用一种开放的心胸和开拓的视野，去发现不同员工的优势，尊重个体差异，形成优势互补，从而通过给他们安排更加适合的岗位来最大限度发挥他们的价值，这样才能使一切有价值的力量集中起来，为华为的发展发挥其应有的作用。

华为这一“团结一切可以团结的力量”的理念，为华为构建一个上下团结、互帮互助、彼此信任的团队，这是华为在市场竞争中的重要武器。要知道，在企业发展过程中，团队成员的共同努力，往往大于单个人努力的结果相加，要想保证企业能够获得“1+1>2”的功效，每个人的才智、能力等都融合在一起，才能发挥出巨大的威力，才能确保企业的竞争实力无人匹敌。这正是华为求生存、谋发展的成功之道。

没有铁的纪律就没有持续发展的力量

俗话说："无以规矩，不能成方圆。"人类本身就是一种社会动物，如果没有了规则，那么这个群体就则失去了约束，成了一个混乱不堪的社会。

对于一个企业，很多人聚集在一起形成了一个保卫企业生存、对外作战的团队，如果没有了纪律，这个团队就会成为一盘散沙，没有了前进的方向，更没有为企业发展持续发力的动力。

组织和纪律，虽然成型于军事化理念，但在企业内部同样适用。纪律是一个企业团队文化的精髓。团队是人的组合，然而每个人都有自己的思想和行为。一个团队如果没有纪律，每个成员都按照自己的思想和行为行事，各自为战，那么就不能称其为团队。每个团队在建立之初的第一件事情，就是明确制定纪律和规范，这是保证企业执行力的先决条件。

常言道："老板文化决定企业文化，什么样的老板带出什么样的员工。"一方面是老板的权利和威力强势使然，另一方面是老板的品质和人格魅力的影响使然。

华为内部，下级服从上级，部门服从公司，这种纪律的形成是得益于任正非在部队生活中养成的不屈不挠的意志和遵守纪律的习惯。任正非认为，一个组织要有铁的纪律，没有铁的纪律就没有持续发展的力量。为此任正非将自己在部队的军事化管理作为范本，融入华为的企业管理当中，并且打造了一支具有纪律性的强大队伍。

从进入华为的第一天起，所有的华为员工的起居饮食都要接受最严格的审查，只要不合格就要被通报批评。甚至还要求员工要按时起床、被子要叠整齐、按时上下班、走路的步子要正，站立时要昂首挺胸，说话时要铿锵有力。这些往往映射出任正非在部队时的军队纪律。对于那些屡教不改的人，通常会被开除。

华为的新员工在进行培训的时候要求员工必须穿戴好衬衫、领带、西裤、皮鞋，如果哪位新员工没有做到，就会受到惩罚。而且对服装的颜色也有规定，比如皮鞋和西裤必须是黑色的，袜子是深色的，衬衫必须是白色无条纹的，如果有人穿错了颜色，每次都会被罚钱。培训期间的员工，每天晚上必须 12 点准时睡觉，早上 5 点半起床，无论谁迟到，都要被扣除三分，基本分是 20 分，但重要的是受罚的并不仅仅是本人，还会影响到其他人，凡是与迟到的员工是同一宿舍的，那么整个宿舍的员工都会因此受到牵连，而每人被扣除三分，甚至还会影响其他相邻宿舍的所有人同样被扣除三分。华为这种扣分处罚，目的就是强化员工的纪律性，而连带处罚是让员工之间能够相互提醒，加强团队之间的合作。

不但如此，任正非还要求每位员工都会唱军歌，比如每次开内部大会的时候，任正非都要求员工一起唱《团结就是力量》《中国人民解放军进行曲》等革命歌曲，像华为公司这样唱国歌的企业在业界再难寻出第二个。唱革命歌曲的目的就是提升华为员工的战斗力，增强员工的组织性、纪律性和集体意识。

在华为，自由和纪律是华为员工经常讨论的话题，员工有自己的自由，但这些自由不可以触犯公司的制度和规定。这也是华为狼性的表现。因为狼群是一个协同作战的团队，没有任何一只狼会脱离团队而独自冒险出击，也没有任何一个员工会跳出团队而单独行动，一切都在严格的制度和规范下进行。这种纪律性就是任正非经常强调的职业化、规范化、标准化的最好体现。

很多企业的文化没有得到很好的践行，并不是员工在文化和价值观方面没有共识，也并不是团队提不出很好的建议和理念，而是因为员工不遵守规章制度，缺乏纪律性造成思想不统一、行动不统一，工作不懂得团结合作，不按照流程办事，使整个公司缺乏规范性，进而降低企业的工作效率。

有纪律，执行力才有保障，没有执行力的企业，很难想象能够收获什么样的成果。想要提升企业的工作效率，就必须遵守规章制度，才能保证上下级从容配合，让整个团队的效率得以提升。

当然，遵守企业纪律，并不单一地指向员工，作为企业上级，同样应该起到榜样作用。只有自上而下明确权限机制，不以权势强压于人，按照公司规章制度办事，才能为整个公司制度的强化和执行打下良好的基础。

另外，公司内部还应当建立统一的工作机制、工作方法和工作目标，这样所有员工的行为规范才能统一。华为内部对于编程员在工作中进行了各种工作统一，包括统一的文档格式、统一的软件编写语言等，这样可以保证整个公司内部都能用相同的文档格式和编写语言，便于员工在工作中真正实现规范化、统一化、标准化。

每个企业要打造一支出色的作战团队都是十分不易的，华为却在这方面做得非常优秀。华为能将 18 万员工团结在一起，形成了一个纪律严谨的军事化管理团队。在这样的纪律规范下，华为不成功都难。

第五章　战斗

——像狼一样去战斗

将军带兵作战，需要提升整个军队的战斗力，才能让士兵们勇往直前，所向披靡。做企业和带兵打仗一样，同样需要激发员工的斗志，才能使他们像狼一样去战斗，敢于在市场竞争中“厮杀拼搏”。否则一个企业的员工在危机四伏的境地而不自知，那么它的下场就只有被强大的竞争对手所吞掉。所以，华为人才培养的第五条规则是战斗，每一个华为人都要时刻具备强烈的战斗意识和战斗精神，只有这样，才能保证在作战中力量无穷，在斗争中胜出，才能使华为成为最大的赢家。

进攻是最好的防御

在德国著名军事家克拉塞维茨所著的《战争论》中，有这样一句话："进攻是最好的防守。"这句话与《孙子兵法·军形篇》中的一句"守则不足，攻则有余"有异曲同工之处。

克拉塞维茨强调："进攻和防守是两种作战的基本方式，二者之间是相互联系、相互转化的，整体为防御，局部为进攻。"其实，纵观历史上发动的任何一场战争，没有哪场战争是靠单纯的防御而取胜的。只有出其不意地进攻才能制敌克险。因为主动攻击权掌握在自己手中，可以将一切运筹于帷幄之中。可以说，主动进攻，一招领先，招招领先；一味防守，一处挨打，处处挨打。

商海虽然不用舞枪弄棒，但厮杀的激烈程度绝不亚于战场。一个企业能够在激烈的市场竞争中战胜众多竞争对手，成功问鼎行业之巅，并不是因为"走大运"，而是每个员工用勤奋的双手和对竞争对手发起的"火拼"换来的。

华为一直秉承狼性文化，也在员工中反复强调要学习、要实践华为的狼性文化，所以华为对每个员工的培养都朝着狼性培养，让每位员工都能眼睛里闪烁着狼的狠劲儿，让每位员工在行动上都有超强的战斗力，有主动进攻的意识。在华为看来，这就是华为的生存之道。

为此，任正非也经常引用克拉塞维茨的这句话："进攻是最好的防御。"在任正非看来，进攻自己、颠覆自己、逼自己改进，企业就会产生更大的优势。

如今是互联网时代，一切发展在快速变化中进行。所以市场竞争不再是大鱼吃小鱼的时代，而是快鱼吃慢鱼的时代。在当前这个时代，企业如果做得慢一点、做得舒服一点、做得开心一点，那么这样的企业又如何能走得更远？每个企业都在想如何将自己做大做强，但做大做强是有条件的，是必须在把企业做好的基础上才能实现的。只有做好了，才能有做大和做强的机会。

尤其是近几年，对于所有的企业家、生意人来讲，都十分不易，然而好消息是所有人都不容易。谁能在这个不容易的时代快速出击，谁就能快人一步抢先占领市场，并有足够强大的能力来防御自己在市场中所占有的"王者"宝座不被攻陷。

华为在主动发起进攻的时候，正像任正非所说的那样，是从自身出发，打破自己的优势，形成新的优势。如果不主动打破自己的优势，别人早晚也会来打破。这种方法能够很好地应对当前快速变化的世界，让自己在原有的基础上形成更高、更好的优势，让竞争对手望尘不及。

以华为的手机市场为例。如今，很多人对手机的功能要求，从以往的考虑手机内存存储转变到了手机拍照效果上来。尤其对于很多年轻人而言，手机可以代表人的"脸面"，拿着一款体面的手机，肯定也会感觉脸上添光彩。华为则在这方面有了突破性进展。

当年三星在纽约发布了年度旗舰 Galaxy Note 9 的时候，对该机型大肆夸赞，但人们发现 Galaxy Note 9 实际上与 Galaxy Note 8 在功能方面相比升级幅度并不大。华为也对此不甘示弱，随后在 Twitter 上"隔空喊话”三星，并继华为P20 Pro之后,华为推出新一代顶级旗舰手机华为Mate 20 Pro。华为Mate 20 Pro实现了一次飞跃，可以说是真正的迭代升级，比如多曲面3D玻璃机身、4000广角+2000万超广角+800万长焦三个徕卡镜头、5倍变焦、4200mAh电池、AI智能节电技术等，都是三星Galaxy Note 9所无法比拟的。之后，近一年时间华为P20 Pro的第一名还是无法被打破，即便是曾经被津津乐道的苹果手机再也不是拍照最强的手机了，华为Mate20 Pro成了拍照标杆之作。

俗话说：“鸡蛋，从外面打开的是食物，从里面打开的是生命。”华为选择从自己入手，对自己进行改进和创新，这种自我进攻的方式实际上是对自我竞争力的一种自我保护和防御。

其实，无论市场形势是好还是坏，企业都应当像华为一样不断进行自我完善，只有自己强大了，再大的洪水、风浪都能抵御得住。

将战斗力发挥到极致

一个企业就是一个组织，一个时刻能够保持战斗力的组织，才能发展得蒸蒸日上。评判一个企业战斗力的强弱，并不是个人能力的简单叠加，拥有强大战斗力的企业是单个人能力乘积的结果，这样的企业在任何一个发展阶段能够使所获得的动力源源不断。

任正非出身于部队，接受过军事化管理，对理想抱负的追求有强大的战斗力，充满激情又不乏理智，似乎人生的目的就是通过不断奋斗拼搏来达到一种自己向往的理想状态。为了实现这种状态，在做军人的那段岁月里，任正非经过锻炼和磨砺，已经形成了极为强大的战斗力。

如今，作为华为的领导者，任正非将自己身上体现出来的战斗力传承了下来，希望整个华为都能够成为有强悍战斗力的组织。在提升员工战斗力方面，华为自有一套方法和策略。

相信很多人都知道挪威人特别喜欢吃沙丁鱼，活的沙丁鱼更新鲜，比死的沙丁鱼更有市场，价格贵很多。然而沙丁鱼有一个致命的特点，就是一个“懒”字，不爱动。当渔民打鱼回来之后，再送到港口之前要经历很长时间，而船舱里的沙丁鱼就会因为缺氧而死。但是有个渔民打的沙丁鱼总是活的，而且非常生猛，渔民也因此赚了很多钱。这个渔民闷声发大财，不把自己的经验告诉任何人。当这位渔民去世后，人们打开他的船舱，发现里边养了几条鲇鱼。原来渔民将沙丁鱼作为鲇鱼的食物，通过这种方式，沙丁鱼为了活命自然就紧张起来，而且奋力游动。此时对于沙丁鱼来讲，逃命比什么都重要。最后，沙丁鱼都活着回到了港口。而这种被对手激活的现象被称为“鲇鱼效应”。

华为就是巧用这种“鲇鱼效应”来提升企业员工战斗力的。具体方法有两种：一种是通过外部引进、内部提拔；另一种是通过设立内部竞争机制。

1. 外部引进，内部提拔

华为在最初的时候任用过“空降兵”，希望通过引进一个，带动一片，以达到全员战斗力提升的目的。

为此，华为直接从哈佛请来几位博士做领导干部，但结果并不尽如人意，他们的领导方法并不能为华为的发展带来实质性的作用。而且这种做法甚至会出现打击内部员工升职加薪的积极性，使老员工产生抵触的情绪。

所以，自此之后，任正非就“开始从自己的队伍里培养自己的骨干，依据公司的一系列干部制度和政策，靠自己的努力培养自己的“跨界干部”。在任正非看来，这种方法还能够让员工通过扎扎实实的学习和实践去增长才干。然后将这些“鲇鱼”放到企业内部当中，以提升整个企业员工的工作积极性和战斗力。

2. 设立内部竞争机制

走进华为工作大楼，就可以看到员工工牌上写着的“蓝军参谋部”。其实，华为内部不仅有“蓝军”，还有“红军”。所谓“蓝军”，就是指在军事模拟对抗演习中专门扮演假想敌的部队，通过模仿对手的作战特征，与“红军”（代表正面部队）进行针对性训练。华为设置“蓝军”和“红军”的目的就是通过蓝军想尽办法来否定红军。

简单来讲，“红军”代表的是现行的战略发展模式，“蓝军”代表的是竞争对手或创新型战略发展模式。“唱反调”的“蓝军”主要是虚拟各种对抗性的声音。按照华为规定，要从“蓝军”的优秀干部中选拔“红军”司令。

任正非也特别强调：“我特别支持成立‘蓝军’，想升职，就先到‘蓝军’去，不把‘红军’打败，就不要升司令。‘红军’的司令如果没有‘蓝军’经历，也不要再提拔了。你都不知道如何打败华为，说明你已到天花板了。”

这种方式将竞争机制作为“鲇鱼”，而产生“鲇鱼效应”，让企业团队成员之间为了升职竞争而更具战斗力。

总之，一个企业，要想充满活力和战斗力，必须让员工充满动力，要让组成整个企业的鲜活个体充满动力，就必须洞察人心，识别员工的工作动机，围绕员工的动机设立竞争机制，激发员工的工作热情，挖掘员工的潜力，让企业充满活力和战斗力。同时，一个企业，只有存在压力，存在竞争的气氛，员工才能更加积极进取，使整个企业更具活力和战斗力。华为就是这样一个懂得如何激发员工战斗力的企业，如今华为所取得的累累硕果，都离不开华为的强大战斗力。

将“狼性”执行力进行到底

很多企业中的员工，在工作的时候像按部就班的兔子一样，懒散拖沓，没有丝毫积极奋进和高效执行的样子。甚至有的企业员工自以为是，在执行中偏离决策，虽然在行动上有不俗的表现，但结果上却不尽如人意。这两种情况是企业发展的致命弱点。企业必须将“狼性”执行力进行到底，进而才能有效提升自身竞争力。

《狼道》一书中写道：“群狼起而攻之。头狼号令之前，群狼各就其位，欲动而先静，欲行而先止，且各司其职，嚎声起伏而互为呼应，默契配合，有序而不乱。头狼昂首一呼，则主攻者奋勇向前，佯攻者避实就虚，助攻者蠢蠢欲动，后备者厉声而嚎以壮其威……”由此可见，真正叫狼群无比强大的原因不外有三：其一是团结一致；其二是都具备优秀的进攻和执行能力；其三是向执行要效率。三者缺一不可。

一个狼群的执行力决定着这个狼群的生存力，对于企业同样如此。一个企业是否具有市场竞争力，乃至企业的所有目标是否能够快速实现，关键在于高绩效和具备“狼性”的进攻力与高效执行力。因此，如何打造高绩效、强悍执行力的作战团队，对于一个企业来讲是必修课。这就需要企业团队成员都能尽职尽责地承担自己的职责，让身处企业中的每位成员都能成为真正的执行者。

那么如何能够让每个员工自带发动机的强大执行力呢？如何能够在执行之后获得理想的成效呢？如何让人性和“狼性”之间实现平衡呢？华为的做法是把“满足客户需求，为客户创造价值”作为员工工作评价的第一标准，并以此为公理、公约，打造华为自带发动机的强大学习力和执行力。企业既要像家又要像军队，这样就吸引并留住了那些有潜力、有进取心的人才，也自然虑掉了其他懒惰、不思进取的人，实现优秀人才的聚集，从而超越竞争对手，满足客户需求。

然而，对于一个企业，可以说领导者决定企业发展的风向。一个优秀的领导者其实就应当如同狼一样，具有敏锐地发现猎物的嗅觉，具有勇往直前和不屈不挠的精神，然后再带着他的下属向目标进攻，取得胜利的果实。因此，任何一个组织都需要领导者，没有领导者的组织将会失去方向、失去勇气和斗志，更不会有强大的执行力，而成效又从何谈起？

华为也是如此，作为一家成立之初就经历各种挑战的企业，如今能够取得骄人成绩，离不开这艘大船背后的掌舵者任正非。任正非作为华为的创始人、华为的领袖，所占公司股份的比例仅为1.14%，无论公司制定什么制度，任正非都能照章去认真执行。正因如此，任正非被誉为华为铁军总裁，旨在赞扬任正非令人称赞和学习的“狼性”执行能力。

任正非本人是一个不折不扣的执行者。同时对下属也提出硬性要求：下属只管去执行，千万不要在他面前找理由说办不到。在执行的过程中你可以对问题进行及时反馈，但只要尽了努力，无论结果如何，任正非都会给你一个非常客观的评价和评判。这就是任正非的执行风格，提出的目标只有努力向前，没有动摇的余地。

任正非除了在员工中用号召的形式来激起员工的进攻力和执行力，还从细节中入手。华为内部有一个积分管理考核机制，其中的积分制度和规则，就是提升员工进攻力和执行力的最好手段。在华为内部，员工的积分增减都是有一定的奖励与扣除条款和方案来制约的。如果员工能够一次性完成工作任务，并且能够获得优良的评价等，华为是会对负责人进行积分奖励的。但如果员工出现不坚持每天汇报工作、不能遵守公司的规章制度、工作质量不达标等，华为就会按照严重程度进行不同数量积分的扣除。员工每天可以通过手机查看自己的积分实时加扣情况。

这一项项条款对于华为员工来讲，既告诉他们应该做什么，又让他们明白做好的标准是什么，更重要的是让他们放手去做。这样，华为就形成了一套独有的执行力落地体系，有效激起了每位员工的工作斗志。

华为一直以来的战略就是“执行力取胜战略”，在华为看来，执行力的意义远大于战略和创新。试想，如果华为从来都是不断制定战略、不断喊口号，而没有真正去执行，或者执行力度不够，那么又何来如今的辉煌?

因此，执行力是一个很好的导师。执行使人乃至企业不再矫揉造作，不再虚张声势，而是拿出实实在在的行动，向着理想的目标一路狂奔。

第六章　竞争
——不竞争就是在等死

当前，所处的时代是一个充满了竞争和危机的时代，一个企业想要在这种充满挑战的环境下更好地生存和发展，取得更大的成功，就必须有紧迫感和竞争意识。不竞争，等待自己的只有“死亡”。所以，华为人才培养的第六条规则是竞争。一个企业，无论遇到任何市场风暴，面对同行业多么激烈的竞争，都需要强大的市场竞争力奋起抗争，战胜对手，才能在市场中跃居同行业前列，正是华为人才培养的竞争规则使每一个华为人都时刻保持着竞争意识，进而使华为整个企业显示出越来越强大的生命力。

最大的竞争对手就是自己

每个人在成长的过程中，难免会遇到几个甚至更多的竞争对手，然而如果自己不放弃，谁也不能打败自己，真正能够打败自己的不是别人，而是自己。所以，人的一生中，最大的竞争对手就是自己。这个道理，对于一个发展中的企业来讲，也是相通的。

在华为，每个员工都将自己看作是最大的竞争对手。有一次，任正非被问及：认为华为的最大竞争对手是谁时，任正非这样回答："若要明确一下我们的竞争对手，那就是我们自己的惰性。"

华为是一家奉行狼性文化的企业，在华为，员工只有三件事可做：吃饭、睡觉、工作。日复一日，年复一年，没有太多的变化。为了从根本上打败上下员工的惰性，华为还专门设立了"末位淘汰制"。

任何一个企业都不愿意养闲人，不愿意养拖后腿的人，不愿意养能力与薪资不匹配的人。华为更是如此。为了让企业永葆活力和激情，华为需要不停为企业注入新鲜血液来滋养这棵大树，所以一方面华为每年不惜以高薪为代价，招聘很多优秀毕业生；另一方面也在内部制定了严格的考核制度，员工淘汰的比例也很高。任正非表示："华为每年要保持5%的自然淘汰率。""末位淘汰制"成了华为对那些不思进取、不能为华为创造价值，以及能力与薪资不相配的员工的一项清理制度。按照华为的理念，当员工价值不足时，也是到了该离开的时候。

为了高薪和留任，以及未来的前途，许多员工更加努力工作。因为他们知道，在竞争如此激烈的企业环境中，如果自己稍有懈怠或者稍微保持原地踏步，面临的就是被淘汰的后果。从另一个角度来看，华为的这种“末位淘汰制”，其实也是一种变相的竞争机制。

“末位淘汰制”其实是华为的一种强势管理，旨在给员工一定的压力，以此来激发员工的工作积极性，提升员工的工作效率，通过强而有力的企业内部竞争，使整个团队能够处于一种积极向上的状态，进而为企业提高效益。

对于企业员工来讲，这种“末位淘汰制”过于残酷，让人提心吊胆。甚至有的员工在华为工作了八年，还是没能经得住“末位淘汰制”的考验，最终被淘汰出局。作为每个挣扎在职场中的员工要知道，企业得以生存和发展的基础就是盈利，所以企业内部设置这种优胜劣汰的制度并没有错。如果员工的成长速度跟不上公司的发展，甚至给公司拖后腿的话，企业就会从市场中出局、被淘汰，更何况是企业内部的员工。

正因如此，华为更加发扬竞争精神，借助“末位淘汰制”来激励员工主动积极进取，不断进行自我超越。正如通用集团总裁杰克·韦尔奇所说：“掌控你自己的命运，否则就要被别人掌控。”换句话说，作为企业员工，一定要掌握主动权，不断自我提升，与自己赛跑，才能掌握不可替代的核心竞争力，这是自己不会被“淘汰”的重要保障。

华为需要的正是这些能够将自己看作最大竞争对手，并勇于与自己赛跑，敢于超越自我的员工。这些员工才能时刻保持与时俱进的姿态，保证能让企业保持长久的竞争力，保证企业不被新时代的发展所淘汰。也正是这一制度成就了如今华为世界500强的地位，也成就了华为国内手机一流品牌的美誉。

看得见的对手必须超越

商界好比武林界，高手如云，如果你不能战胜别人，就会被别人打败，甚至从此在武林界销声匿迹。

华为深知这个浅显的道理，因此表示：看得见的对手必须超越，从量变到质变，属于我们的时代必然会在大家的不懈追求与奋斗中到来。为了这句话，华为也下了很大的功夫，做了很多功课，积蓄了很多力量。

多年前，中国人民大学商学院有一批EMBA学员去英国交流访问时，他们在那里考察了英国工业革命时期的辉煌后，再对照如今的没落和颓势，不禁感慨。这些学员对一个英国教授提到了正蒸蒸日上的华为。然而，对方却说："华为不过是走在世界上一些曾经辉煌过的公司走过的路上。"这句话中，我们读出来些许不屑，认为华为当时还是一个落后于世界上其他竞争对手、正处于发展中的企业。

事实上，华为一直以来都在一路快跑，追赶那些已经跑在自己前面的企业。

从1996年到2004年，这个阶段是华为高速扩张阶段，也被称为是华为的“二次创业阶段”，华为不仅占领了国内市场，成为国内市场最具竞争力的通信设备制造商，而且开始加快步伐进军国际市场。

在这个阶段，华为将目光放得更加长远，瞄准了那些国际巨头公司，想办法赶超他们。然而，任何时候，无论任何人都不会永远在顺风顺水中成长。华为也同样如此。国际市场的竞争比较激烈，所以华为要面临的压力也非常巨大，而高速扩张使得华为的管理中所存在的问题也变得更加凸显，这也是华为困难最大的时期。

尤其在2002年、2003年，华为维持多年的高速扩张遇到了瓶颈。也正是这个时候，华为开始寻找新的方法和途径，制定新的战略方向，努力让自己变得更加强大，包括人力资源、管理体系、流程体系等，都想方设法开始逐步完善，并重新走在了超越竞争对手的路上。可以说，华为的这种竞争精神和超越竞争对手的行动从未停止过。

如今，智能手机成为人们生活的重要组成部分，也因此成为人们的标配，智能手机有十分广阔的市场。市场研究公司 IDC（互联网数据中心）发布的全球智能手机 2019 年第一季度手机销量排行榜中统计数据显示：华为在第一季度全球手机销量达到了 5910 万台，市场份额占 19%，而全球第一季度的总出货量是 3.108 亿台，显然华为占据了整个市场的 1/5。而苹果手机销量一直都很高，这次却被华为反超，成为第三。小米、VIVO、OPPO 紧随其后，占据第四、第五、第六的位置。排在第一的是三星，全球手机销量达到了 7190 万台，三星在国内手机市场比较差，但在全球手机市场中居首位。

显然，华为已经在国内市场中占据“头把交椅”的位置，并且已经在排行榜中走出了国门，还打败了以往手机销量排行榜一直靠前的苹果。华为已经成功超越了苹果这样“巨头”级别的对手。

当然，华为对看得见的对手的超越，并不仅限于此。2019 年正值 5G 即将进入商用之际，全球都在忙于 5G 建设和布局，华为也不甘示弱，而且正在以势不可当之势，向着 5G 世界霸主地位挺近。

华为在 5G 领域的布局可以说是全球第一批。从参与 5G 标准的制定，到 5G 基站的全球布局，以及率先推出 5G 华为手机，华为在 5G 领域投下了重本，在时间和科研经费的投入方面从不吝啬。如今，华为的 5G 技术布局方面占据全球第一的市场份额，华为的 5G 基站在全球范围内有很强的优势，价格上也比竞争者低近三成，在技术上则比其他竞争对手更加成熟。并且在早前，华为 5G 网络设备更是在国际上荣获“最佳移动技术创新奖”“最佳网络软件突破奖”等八大世界性奖项。除此以外，在国内 5G 商用技术研发试验第三阶段测试中，华为成了全球唯一一家能够完成所有测试的企业。即便诺基亚、爱立信、三星等国外厂商也只完成了部分测试。如今，华为已经从 2G、3G 的跟随者，跃进为 4G 的竞争者，进而成为 5G 的领跑者。

对于在发展和创新路上遇到的任何看得见的竞争对手，华为从不含糊。华为在研发策略上一直采取跟随策略，即在行业的技术领先厂商首先研发出新技术和新产品、证明其有商业价值的情况下，华为才会加大投资力度进行产品研发。因此，华为能够打败自己遇到的竞争对手，把领先技术转化为客户竞争优势，进而取得成功。

华为的这种战术被称为“弯道超越战术”，当看准某项技术之后，华为就会集中资源投入、加大火力冲锋。正是因为有这种竞争精神和超越竞争对手的意识，才使华为如今能够从一个追赶者角色，成功转换为领跑者角色。

不要将竞争对手赶尽杀绝

对于绝大多数企业，在市场竞争激烈之际，都会梦想着自己能够垄断市场，成为行业霸主。这样，不给任何其他竞争对手留下喘息的空间，自己就可以稳坐钓鱼台，高枕无忧了。

这种“赶尽杀绝”的想法，就像是一只雄狮为自己划定领域，在这个范围内任何其他竞争对手都不能生存一样。企业的排他性是很强的，总是想着市场这块“肥肉”尽入自己囊中。

但华为却不这样做，华为从来不会将竞争对手赶尽杀绝。华为将自己的市场范围控制在 1/3 左右。很多人对华为的这种做法表示好奇。为何大家都觊觎独占市场份额，而华为却将 2/3 的市场份额留给自己的竞争对手呢？

为此，任正非的一句话给出了我们最好的答案。他解释道：“在我们抢不到大数据流量的机会点时，就会被边缘化，甚至死亡；当我们全部占领大数据流量机会点时，也会怠惰和死亡。”任正非的这句话，旨在告诉我们，独占市场份额，很容易最终让自己走向死亡。

其实这个意思是很好理解的。俗话说“人无远虑，必有近忧”，如果当真如这些企业所想，“将竞争对手赶尽杀绝”变为现实，那么在没有竞争对手与之抗衡的情况下，这些企业势必会认为创新就意味着增加新的投入，在当前的市场中唯我独大，不创新也没人有能力与自己抢饭碗，又何必去增加成本，耗费人力和时间去进行创新呢？何不按部就班，坐收盈利？

这样的企业总是沉溺于“自我状态良好”中，总是照着老一套办事，不会在产品上做出更多更大的创新。然而，不去创新，就意味着会逐渐走向死亡。

这就好比是大草原上一头凶猛的狮子，在众多竞争者存在的情况下，狮子为了与竞争者争夺水草肥美、猎物丰富的草原领地，只能让自己变得更加凶猛，捕猎技巧也更加灵活。但如果将这只狮子迁到动物园里，每天给狮子投放充足的食物，狮子就会认为自己没了竞争对手，自然不必劳心费力地去捕捉猎物。久而久之，这只狮子原本凶猛的捕猎能力也会逐渐丧失。这也正是为何我们在动物园里看到呆萌的小奶狗与外表威武的狮子能够安然无恙地同处一个房间的原因。显然，狮子会在安逸、轻松的环境中逐渐丧失竞争意识，最终丧失竞争力。

一个企业，也会出现同样的情况。如果没有百事可乐的存在，可口可乐的发展会如何？如果没有麦当劳的竞争，肯德基的现状又会怎样？很多时候，不将竞争对手赶尽杀绝，给竞争对手留下一定的生存空间，是给竞争对手一点希望，让他们扮演挑战者的角色，促使自己不断进步。这样岂不是好事？

华为给竞争对手留下 2/3 的市场份额，其目的就是通过竞争对手带来的激烈竞争，让自己有更大的动力去超越和打败对手。华为如果想要使自身永远能够保持竞争优势，永远能够长久地发展，这种做法是非常明智且正确的。

正如任正非所说：“华为强调开放合作，只做自己最有优势的东西，其他部分开放合作让别人做。即使我们成了行业的领导者，也不能独霸天下。华为若成为成吉思汗独霸天下，最终是要灭亡的。我们立足建立平衡的商业生态，而不是把竞争对手赶尽杀绝。我们努力通过管道服务全球，但不独占市场。”“所以，我们自己要活下来，别人也要活下来，共同为人类信息社会做出自己的贡献。”

华为能够为竞争对手留下一定的生存空间，实际上打造了一种商业竞争的平衡状态。一家独大或者独家垄断会造成商业生态圈失衡，一旦失衡，就会破坏整个商业生态环境。只有在生存和发展过程中时不时地有竞争对手发起挑战，企业才能时刻保持警惕，不断鞭策自己获得更多更大的进步，否则就会被竞争对手反超，甚至被竞争对手驱逐出市场。正是由于这种心态，华为才能够始终保持强大的战斗力和竞争力。

即便如今的华为已经成为国际市场中的领导者，但在华为处于强大的时刻，华为依然时刻提醒自己，不要做“沉睡的狮子”，要让自己时刻保持竞争意识。因为华为明白，一个企业如果不竞争就是在等死。

竞争固然重要，合作更重要

在市场竞争中，竞争者与竞争者之间往往是一种“不是你死，就是我亡”的心态。为此，各种价格战、服务战、质量战在市场中频发。

在过往的竞争中已经证明，即便竞争对手被“战死”，但成功打下江山的企业也未必赢得胜算。因为即便给竞争对手以重创，但打击竞争对手的成本很高，并不划算。

所以，与其将自己战得“头破血流”，将目光放在市场占有率上，不如将目光放得更长远些，将重点放在企业利润上。竞争固然重要，合作却更重要。

华为就是一个善于用“竞合战略”的企业，对于战略与合作，华为能看得更加高远。

拿华为与高通来讲，两家公司都是无线领域的技术领导者，并且在5G方面都投入了大量资金。华为在5G方面的技术成果，让我们看到，华为在5G基础设施方面的技术相当扎实，使很多国家认为华为带来的市场竞争压力给其带来了安全隐患。然而华为依旧不顾这些国家的态度，与这些国家的相关通信技术企业寻求合作。

高通作为一家美国企业，看上去与华为之间是一种相互竞争关系，但实际上，两家公司并非简单的竞争关系，更多的是一种合作关系。

华为作为一家电信设备供应商，在进入市场后，与爱立信、朗讯以及北电等公司之间形成竞争关系，通过自身的不断努力，如今在电信设备行业已经占据重要地位。然而华为更是一家多元化公司，但无论华为如今已经成了全球第二大智能手机供应商，还是开发云数据中心服务，其主要业务依然聚焦通信技术领域。

高通公司虽然一度将重点放在手机和典型设备的所有产品方面，但它始终致力于提供知识产权和芯片组成技术。高通的竞争对手先有德州仪器和英飞凌，后有联发科、苹果和三星。

显然，华为与高通是无线系统领域的两个不同端。它们对5G领域的研究角度不同，但两家公司都通过了3GPP[1]合作研发未来无线标准。同时，华为和高通还在移动设备上也有广泛合作。虽然华为通过其全资子公司HiSilicon开放了自己的麒麟芯片组，但是在其部分平台还继续使用高通的芯片组。另外，在一次分析师峰会上，高通作为重要的合作伙伴被华为提及至少十几次。可见，华为与高通之间在竞争之余，更多的还是合作关系。

如果同行业企业之间只有竞争关系，虽然某个企业可能会从中脱颖而出，但“三个臭皮匠，赛过诸葛亮”，众企业之间如果能够像华为一样，与竞争对手构建“竞合关系”，那么则推动的是整个行业市场的进步，使整个行业能够得到更好更快的发展。而处于行业中的企业，也会因为行业整体实力的提升而得到更好的发展。

提到华为的这种“竞合战略”，任正非给公司讲了一个黑寡妇的故事。

拉丁美洲有一种奇特的蜘蛛，名为黑寡妇。之所以取名为“黑寡妇”，是因为这种蜘蛛在交配之后，雌性蜘蛛会咬死并吃掉配偶，作为自己孵化幼蜘蛛的营养。

任正非用这种蜘蛛来警示华为人，不能与人合作了之后就将对方吃掉或者甩了。华为不做“吃人”的“黑寡妇”，而是要在发扬竞争精神的同时，更注重合作，实现双赢。

有人认为，华为敢于与竞争对手合作，能够做到如此开放的境界，

---

[1] 3GPP：3GPP是为了定义完整的端到端系统规范，确保符合行业需求，不同厂商之间实现无缝操作以及为移动提供其所必需的全球规模，并且也为了实现GSM由2G网络到3G网络的平滑过渡的需求，保证未来技术的向后兼容性，从而建立起来的一个组织。

是因为其本身体量庞大，可以不用惧怕对手。其实不然。对于小企业来讲，这种“竞合关系”更加重要，如果他们没有强大的竞争能力，那么与竞争对手合作能够给他们带来的好处是十分巨大的。封闭自我，一味将自己置身于竞争中，只会让自己故步自封，最终在市场中消失。

事实上，那些真正优秀的企业，它们在成长过程中都有共同之处，就是它们更加懂得与竞争对手合作，这是它们迈向成功的必经之路。

第七章　分享
——开放才能共赢

华为人才培养的第七条规则是分享，作为一个企业，要学会用一种开放的心态，与业内其他企业之间进行知识、技术、研究成果等的分享。要知道，只有开放才能共赢。如果故步自封，一味地埋头苦心钻研，是很难快速出效益的。唯有与其他企业共同分享，进行知识、技术、研究成果方面的交流，才能促进企业实现更多的成果转化。

时刻保持开放和分享的姿态

相信很多企业的员工在工作中会遇到这样尴尬的情况：当自己需要帮助的时候，往往会被拒绝；当自己遇到困难时，却不知道向谁寻求帮助。

这种情况时常发生在我们身边，看似最寻常不过的小事，却体现的是一个企业内部团队分享精神的缺失。人类是天生有“自私基因”的，员工由于职场竞争的原因，往往不愿意帮助和救助他人，宁愿自己被领导批评，也不愿用一种开放和分享的心态与别人合作完成。这并不是一件值得表扬的事情，企业本身是一个大集体，每个员工都是集体的一员，在这个大集体当中，每个人都要养成一种团结互助、相互配合、勇于分享的习惯，而不是在企业内部进行恶性竞争，破坏公司的和谐发展。

华为内部从来不会出现以上类似的情况，因为华为有非常完善的共享机制，在这种机制下，每个员工无论提出任何需求，其他部门和员工都会在第一时间给予帮助和支持。在华为，每个员工要想在残酷的竞争中活下来，就必须学会与他人分享和合作。而能够让更多的人放下“私心”，变得大公无私，首先就需要有一个拥有无私奉献精神和开放分享品质的领袖。

任正非就有着一种无私奉献的精神，带着一种朴实的分享品质，他能够将自己所拥有的所有物质财富，都尽可能地分享给身边的人，却从不会因为分享而感到可惜或不舍。

任正非作为创业者和领袖，亲手打造了华为，在任正非眼里，华为就像是自己的孩子一样，从孕育到出生，再到一步步成长，再到如今的壮大，任正非见证了华为成长过程中所走过的每一步。任正非对于华为的情感，与父子关系无异。而股份，就像是华为的血与肉一般宝贵。对于大多数人而言，很难想象，任正非能够将自己一手打造的华为股份分给公司员工，而自己却只占有 1.14% 的股份。虽然掌握如此少的股份，但任正非在华为的地位依旧牢固不可动摇。其原因就是任正非的这种善于分享的品质，靠的就是作为精神领袖的指引作用。

正是任正非的这种开放和分享的品质，为华为注入了无比巨大的发展潜力和动力，让每一位员工都能以任正非为表率，并能够唤醒他们的分享意识，使他们在工作中能够主动、自愿拿出自己的资源、信息等与其他同事进行分享，使每一个员工都将自己所掌握的有用信息反馈给其他有需要的人。

华为如今作为一家跨国公司，凝聚了全球顶尖的知识分子和精英人才，拥有将近 18 万员工，但是华为的这种分享精神，牢牢拴住了 18 万员工的心。试想如果如此规模庞大的企业，没有足够的企业文化和分享精神支柱作为引导，部门之间与员工之间不仅难以形成整体，而且还会相互制约、相互使绊子，造成企业运作不畅的问题，这往往会限制企业的发展。

所以，对于一个企业来讲，一定要像华为一样，培养员工一种开放性文化，树立一种分享理念，让员工在工作中懂得与别人进行分享。

更要让员工明白：一个人的能力是有限的，但可以通过别人的帮助或帮助别人，来增强个体的实力。个体要想真正立足，就需要尽量保持一种开放的姿态，保持一种分享的姿态，只有这样才能打通和消除人与人之间的隔阂，才能与他人建立起很好的合作和协作关系，实现资源的最大化利用，从而实现互利共赢。

当然，分享精神带来的不仅仅是财富，还可以是成就感。在华为，有这样的不成文规定：谁升职，谁请下属吃饭。通过吃饭这件事情，意在向下属分享自己的成功和成就。在这种成就感的驱使下，让每个员工更加有动力、有干劲。

华为各部门之间、员工之间都能够保持开放和分享的姿态，帮华为打开一个互助共赢的局面，并在企业内部形成利益共同体，使企业员工能够为集体共同的利益而努力奋斗。因此，这对于其他企业来讲，具有很好的学习和借鉴意义。

工者有其股形成长效激励

一个企业的管理者，最为担心的就是：如何提升员工的敬业度？如何让员工在工作中变得更加积极主动？如何让员工带着更加饱满的热情和能量投身到工作当中？如何才能让员工高效工作，提升企业整体效能？而解决这些问题的最佳途径就是“员工激励”。

强有力的激励手段，可以极大地调动员工的工作积极性。但是，很多企业在对员工进行激励的时候，往往给员工加薪进行激励，然而这种“外在激励”的作用只能使员工维持三个月的积极性，一旦超过这个时间，员工的积极性就会变得涣散。很多时候，所谓的一些激励对于员工来讲形同“画大饼”，员工根本没有获得实质性的好处和激励。

也有一些企业在激励员工的过程中，通过一种或几种手段让员工发自内心地对工作认同和热爱，以此调动员工内心的饥渴感、愉悦感、成就感等内在因素。但是，这种方式对于那些比较“务实”、更加注重实实在在利益的员工来说，不能起到很好的激励作用。

所以，企业需要一种长效的激励手段，才能保证员工长期处于敬业、积极进取、热情、高效的工作状态。事实上,“外在激励”与“内在激励”相结合，才能在员工中间形成长效激励。这样的激励方式，不但给员工带来的激励持续时间长，而且对员工的影响和改变会更大。

华为为了激励员工，在成立之初就定下了“工者有其股”的股权激励计划。华为的创始人任正非只占有公司股份的 1.14%，而其余的所有股份都由员工分享。因为任正非坚信：财散人聚，财聚人散。只有大家一起进行利益分享，才能团结大量的人。

任正非很少谈论赚钱，他一直都觉得华为的最终目的不是赚钱，他也建议自己的员工不要总是将赚钱当成唯一的目标，不过这并不是意味着他不重视钱，不重视金钱的作用。企业发展需要钱，人员的管理同样需要钱。公司需要一笔钱来赢得员工的信任，需要利用更高的工资、更好的福利来满足员工的需求。通过对员工需求的满足，来激励员工更好地为企业服务。

华为建立的这种股权分享机制，使员工能够成为股东和老板，让每位持股员工在内心中认为自己是在给自己打工，自己努力奋斗，拼命工作，完全是为了自己的利益和未来。

华为的“工者有其股”的分享机制，是用分股份来激励员工。通过股份分红的手段，每年给华为的员工发放一笔分红。凡是持有股权的人，每年都能拿到相当可观的分红。一般的老员工手里都有几十万股股票，多的甚至能达到上百万股，如果仅算每年的分红，员工所获得的收益也是相当惊人的。

华为的这种做法不但给了员工想要的实实在在的利益，同时还能通过股权的方式，对员工做了很好的“内在激励”，员工因为拥有了股权而获得了愉悦感、成就感方面的满足。华为还希望通过这种方式激励员工更加努力工作，希望大家把蛋糕一起做大，这样蛋糕越大，员工每年分得的红利就越高。

如今，华为有大约18万员工，将近9.7万人是华为的股东。而且华为的最新股权方案中，提到外籍员工也将大批量成为公司股东，从而实现完全意义上的“工者有其股”。

毫无疑问，华为的这种给员工分股权的做法，是人类有商业史以来未上市企业中员工分得股权人数最多的企业。既体现了华为的分享精神，也是对华为领袖把控能力的一种考验。更重要的是，这种分散的股权分享结构，满足了不同股东阶层、劳动阶层、管理阶层的利益，从而达成多种利益诉求的内外部平衡，很好地给华为全员带来了持续奋斗的动力，帮助华为实现了企业的长期使命和中长期战略。这也可以说是一种企业长效激励的创举。

敢于把先进技术分享给别人

先进技术对于一个靠技术吃饭和生存的企业来讲，犹如企业命脉一般至关重要。我们经常能听到这样一句话："科技改变未来。"谁拥有了先进技术，谁就拥有了核心竞争力，谁就能够掌握业界话语权，成为业界霸主。

在当前这个时代，创业本身已经很难了。然而，对于一家技术型创业企业来讲，技术研发和落地到底有多难？依靠技术创新让企业活下来有多不易？这些问题的答案，想必只有真正经历过技术创业的同行才会更加清楚。

正是因为知道技术创新来之不易，知道先进技术对于一个企业的重要性，所以很多企业在研发出新技术之后，往往对自己的知识产权更加重视，他们生怕自己的技术被别人窃取。而能够将自己好不容易开发出来的先进技术分享给别人，这对于很多企业来讲简直是十分荒唐的事情。

华为对于这个问题，有自己的"偏执"。华为能够以更加宽广的胸怀，将自己的先进技术分享给别人，甚至是自己的竞争对手。

2019 年 6 月 17 日，在深圳与《福布斯》著名撰稿人乔治·吉尔德、美国《连线》杂志专栏作家尼古拉斯·内格罗蓬特进行交流和谈话时，任正非表示：社会一定是合作共赢的，每个国家孤立起来发展，在信息社会是不可能成功的。国际一定是走向开放合作。只有开放合作，才能赶上人类文明的需求，才能以更低的成本让你享受到更多的新技术带来的福祉。

从任正非的话语中，我们就能看出华为所蕴含的是一种开放共享、合作共赢的精神，是一种为了全人类共同进步做出贡献的高洁品质。华为没有将自己的先进技术藏着掖着，而是拿出来与大家一起分享。

众所周知，华为的5G技术水平目前已经领跑全球，其生产的巴龙5000 5G芯片是日后手机终端市场中的关键性技术，在外界看来，华为一定会对这项极具市场竞争力的技术高度保密，然而谁也没想到，华为并没有这么做。相反，任正非在接受CNBC采访时表示：华为将向所有品牌商开放巴龙5000 5G芯片的销售，其中包括华为的主要竞争对手苹果公司。

任正非此言一出，就立刻引起了一场轩然大波。“华为是不是‘傻’了？竟然帮助竞争对手！”“华为将失去未来手机市场的核心竞争力。”这样的质疑声比比皆是。然而，任正非却只是淡然一笑，对于所有的质疑回应道：“技术的创新理应是全人类的成果，不应该被某一家企业所垄断，尤其是华为。如果我们实施了开源，就可以将科学价值分享给全世界的人们，放大了商业效果，对全世界振兴都有好处。”显然，华为这次将自主研发技术与别人进行共享，并不是“傻”，而是将自身利益弱化，将全人类的利益放在了最高点。

华为从来不是一个纸上谈兵的企业，如今华为用自己的实际行动，主动开源关键技术，其竞争对手安卓成了最大的受益者。

2019年5月22日，在上海举办的中国开源峰会上，华为推出了一个重磅消息，宣布华为的方舟编译器将会在 2019 年 8 月正式开源。所谓“开源”，就是将方舟编译器分享给全世界的所有人。“方舟编译器”简单来说就是能够提升安卓 APP 的运行速度和效率。以前，安卓系统和 iOS 系统平分天下，而安卓与 iOS 相比，存在一定的速度慢、卡顿等问题，关键在于安卓没有像 iOS 有所拥有的系统静态直译功能。方舟编译器就能帮助安卓有效解决这个问题。

如今，华为自己也有了能够跟安卓系统和 iOS 系统相匹敌的自研系统——鸿蒙系统，而方舟编译器能够与鸿蒙系统无缝对接，让鸿蒙系统有一个非常高的起点，使鸿蒙系统能够在运行过程中如虎添翼。而鸿蒙系统的最大竞争对手就是安卓系统。华为一旦将方舟编译器开源，就意味着安卓系统拥有了鸿蒙系统一样的优势，甚至比鸿蒙系统受益还要大。

面对这样的复杂局面，华为依然选择了开源。华为能够通过技术分享服务于全球人民，而不是单单地将眼光局限于国内和自身的发展。任正非用自己的实际行动向外界诠释了什么是大家风范，如此广阔的胸怀让人赞叹不已。放眼世界，全球也只有华为这样的企业、任正非这样的领袖能够有如此的胸怀和品格。

第八章　工匠
——快时代的慢坚守

“工匠精神”在我国古已有之，并且受到人们的重视。如今，在制造技术更加先进的时代，产品制造速度快得惊人。“工匠精神”更需要发挥得淋漓尽致，企业才能拥有更大的竞争优势，才能成为市场中不可替代的王者。华为人才培养的第八条规则是工匠，华为不仅将这条规则贯穿于其人才培养的整个体系，而且也在用实际行动向世界诠释着什么是真正的工匠精神。

忽略产品质量就等于自杀

对于一个企业来讲，产品是其生命，而产品品质是其灵魂。从当前的市场竞争形势来看，产品质量已经成为企业争夺市场地位、使企业走向成功、让企业长盛不衰的重要保障之一。

因为产品质量的好坏，决定了顾客的满意度，进而影响企业的声誉和形象。如果将产品做成了“豆腐渣”，消费者必然不会买账，这样的企业必定失去消费者的信任，最终走向自我灭亡之路。可以说，忽略产品品质，对于一个企业来讲无异于自杀。

对于这一观点，越来越多的企业表示认可，并且纷纷喊出提高产品质量的口号，拿出让产品品质得以提升的行动，用工匠精神来打造产品。

所谓“工匠精神”，其核心是：不是仅仅把工作当作赚钱的工具，而是树立一种对工作执着、对所做的事情和生产的产品精益求精、精雕细琢的精神。

提到“工匠精神”，首先让人想到的一个国家就是日本。日本是一个非常崇尚“工匠精神”的国家。早在1951年，日本就设置了国家质量奖——戴明奖，每年将该奖项颁发给一家在产品质量项目上有突出贡献的企业。凭借这一奖项的激励，在20世纪70～80年代，日本的电子类产品成功打入美国市场，给美国市场沉重一击。

在中国市场中，华为在质量重视方面可以说是数一数二的企业。华为制定的《华为基本法》中有这样一条："我们的目标是以优异的产品、可靠的质量、优越的终生效能费用和有效的服务满足顾客日益增长的需求。质量是我们的自尊心。"由此可见，华为对产品质量看得很重。而任正非在一次讲话时也特别提到："我们决不能为了降低成本，忽略质量，否则那是自杀或杀人。搞死自己是自杀，把大家都搞死了，是杀人。"

正因如此，华为始终坚持质量优先战略，所以每一个华为人都将"用产品和更好的体验满足客户需求"，作为自己工作的基准点，并且还具备了精益求精、精雕细琢的做事风格。对于产品的每一个模具、每一款设计、每一个零件、每一道工序、每一个细节，华为都是经过精心打磨和专心雕琢的。在华为人的眼中，只有对产品质量精益求精、对制造一丝不苟、对完美的孜孜追求，除此以外没有其他。在这种工匠精神的指引下，在华为人的不懈努力下，华为手机在短短几年内能够誉满天下，畅销全球，跻身全球智能手机行业前三强。

前几年华为在伦敦发布全球首款配置徕卡镜头的双摄像头手机华为 P9 时，一位用户在微博上对华为进行了赞美："华为 P9 能把两个摄像头做到没有凸起而且流畅、美观，难度非常大，绝大多数公司难以实现。"

作为普通消费者而言，他们看到的只是这款手机的流畅、美观的一面就感慨不已。要知道，该手机涉及了 800 多个原器件，以及上千种一级原材料，涉及数百个供应商，仅仅一个高端摄像头上需要胶水点胶的点就涉及 40 多个原器件。为了确保产品品质，华为一直与整个产业链上的企业密切合作，不断提升供应链中各个环节的产品质量。

如果这些普通消费者知道这款由好莱坞明星斯嘉丽·约翰逊和“超人”的扮演者亨利·卡维尔代言的手机背后华为为此付出了多少努力，在每一个生产环节上下了多少功夫，以及做了哪些精益求精的工作，他们必然会对华为的这种工匠精神肃然起敬。

然而，对于华为来说，不仅要求自己的产品质量要把控好，还要联合整个价值链上所有的供应商一起把质量做好。华为主张的是优质优价，拒绝低质低价，如果供应商能够提供非常好的产品，华为愿意用更高的价格购买它的原器件。

为此，任正非还表示：“我们不关注供应商来自哪个国家，但必须达到我们的质量标准。高质量可以获得更多的份额，华为要成为ICT业界高质量的代名词，需要和供应商一起扛起这杆大旗。华为更愿意选择那些能与华为深化协调、将优质资源投入华为的合作伙伴。”

在问及华为为何要倡导和传承工匠精神时，任正非回答道：“一是只有工匠精神才能提供消费者所需的高品质产品和服务；二是只有工匠精神才能提供传世之物，让后代人对当代人保存一份记忆和敬意；三是工匠精神是治疗社会浮躁的一剂良药；四是工匠精神契合了供给侧改革的需求；五是工匠精神是走向全球、提升中国产品国际竞争力的需要。”

可见，任正非对为何要倡导和传承工匠精神，有着十分清晰的思路和十分明确的理由。也正因为这一点，华为对于“以客户为中心”的工匠精神有着一种不可撼动的执念，更是将工匠纳入华为人才培养的体系中，让每一代华为人都将工匠理念深埋入骨血，在这种理念的推动下，华为为用户打造出了许多质量过硬的产品，使得华为产品能够走出国门，走向世界。

质量管理极致追求“零缺陷”

很多人认为工匠精神就是一些机械重复的工作者，对一件简单的事情重复做。但其实，这些机械重复的工作代表的却是一个时代下追求极致的气质。

如今，无论是通信设备，还是高端智能手机，华为都受到全球170多个国家的青睐，并且十分畅销，在全球市场占有率名列前茅，为全球1/3的人口提供通信服务，其秘诀就是崇尚“工匠精神”。华为可以说是引领新时代工匠精神的典范。

任正非曾多次去日本，通过搜集相关资料，发现全球超过200年的企业，日本有3146家，在全球占比最多；德国有837家；荷兰有222家；法国有196家……这些企业之所以能存留百年而不衰，有一个共同的特点，就是能踏实做好一件小事，对产品追求精益求精，而这些正是“工匠精神”的最好体现。尤其是日本，能够有如此多的百年企业，必定是将工匠精神发挥到了极致。

所以，任正非拿日本的工匠精神举例：冈野信雄是日本的一名小工匠，然而他却30多年来一直都在重复做同一件事情：旧书修复。在别人看来，这种工作实在是枯燥无味至极，然而冈野信雄却能够静下心来，对这件事情乐此不疲。正如任正非所说的一句话：“世界再嘈杂，匠人的内心绝对是安静、安定的。”经他修复的污损严重、破烂不堪旧书，最后都像被施了魔法一样，恢复如新。

甚至还拿日本有一个名叫梅原胜彦的人举例：梅原胜彦从 1970 年开始始终都在做弹簧夹头，这是自动车车床中用来夹住切削对象，使其一边旋转一边切削的零部件。他的信条是：不做当不了第一的东西。有一次，有人前来梅原胜彦的公司参观学习，他们发现这个公司没有成品检验环节。被问及为什么时，梅原胜彦回答道：“我们根本没时间做这些。”的确，他们根本无须做这种多余的工作，因为他们的产品已经精确到无须检验的地步。

事实上，华为不仅提倡工匠精神，还像梅原胜彦一样追求真正的产品“零缺陷”。正如任正非所说：“既然要研究一个领域，就要做到极致。”

早期，由于华为资金匮乏，再加上受技术劣势的影响，华为的质量与其竞争对手思科、朗讯等国际主流企业的制造产品质量相比，存在很大的差距。

当前正处于互联网时代，人们正处于一个追求“快”的状态，很多企业都开始变得心浮气躁，进而忽略了产品的品质。然而企业要想在这个时代安身立命，就需要专业、专注、精益求精的工匠精神，必须放下投机心，专心做好产品。因此华为为了拉近与竞争对手的质量差距，一方面通过加强对服务的管理来进行质量方面的弥补；另一方面全面建立属于自己的质量管理体系。最终，华为的产品品质有了显著提升。

从管理角度来讲，华为的全面质量管理，是通过对企业系统中的每个部门、每项活动乃至每个人，进行预防性管理，以便生产出令顾客满意的产品，从而全面提高企业整体的有效性、柔性和竞争力。

从质量管理体系来讲，华为以质量为中心、以全员参与为基础管理途径。其目的是通过提升顾客的满意度而达到产品质量提升，达到企业长期成功的目标。

在华为实施这种管理方式时，华为还向素来以一丝不苟的敬业精神著称的德国人寻求了帮助。在开展一系列的改造中，华为引进了德国国家应用研究院做质量管理顾问。在他们的帮助下，华为对 21 条生产线的工艺和质量控制进行了重新调整。

起初，有个别华为员工认为，在当前鱼龙混杂的市场，消费者未必能感受到企业在质量把控上的巨大付出。而且企业为了保证高质量就要付出比普通企业更高的成本，这样值得吗？

然而，这位员工在一次偶然的机会遇到了一位美国消费者，他使用的华为老款手机至少已经 3 年了，虽然不幸被车碾压过，但还能正常使用。在一次浏览微博的过程中，这位员工发现一位华为的微博粉丝，表示在俄罗斯旅游时，他的华为 P8 手机摔得很惨，但居然还能用，引起团友们的围观。这些反馈，都让这位原本充满怀疑的员工充分感受到了华为的高质量产品所带来的价值。

随着大众消费者接触到华为的产品，从基础的华为手机逐渐延伸到智能手环、智能手表、笔记本电脑等。随着市场的扩展、产品线的不断增加，华为人对质量的认识也逐渐加深，更加懂得工匠精神的重要性，更加注重产品质量的管理和把控，力求做到产品“零缺陷”。

为此，华为在质量管理过程中，提出要构建包括基础质量和用户体验在内的质量体系。华为建立了一整套完整的质量流程管理体系，包含了从消费者洞察、技术洞察、技术规划、产品规划、技术与产品开发，到验证测试、制造交付等各个领域，而且在每个领域都有专门的队伍做持续优化和改进。这一切的目的都是用极致“零缺陷”的产品打动消费者。甚至有时候，华为会因为某款热销手机在生产中出现了一个非常小的缺陷，而关停整个生产线，对其进行重新整改。要知道，整个生产线的关停，意味着一段时间内零创利，这会给华为间接带来多大的经济损失？

曾经在华为欧洲区工作过三年的余承东，对欧洲很多高端产品的品牌管理理念有着十分深刻的认识。他更加明白，在市场中增速放缓、同质化严重等的背景下，这种“工匠精神”就意味着品牌对客户在质量、体验、服务方面都要做到“零缺陷”，这应当是一个企业长期而持续的承诺。

华为站在用户的立场上，建立了一套独特的标准，将用户体验作为质量管理和评估的标准，以此决定产品是否合格，是否达到上市标准。

正如飞象网总裁项立刚对华为的评价所说：华为是一家重技术、重产品、重质量的企业，可能在营销上不是最出彩的，但是技术最扎实、产品有创意、质量有保证，这使华为构建了一个强大的质量体系。正是这个体系保证了华为一点点在用户心中积累起高大的品牌形象。

精打细磨，才会成就精品

中国有一句谚语："只要功夫深，铁杵磨成针。"意思是只要肯下功夫，多难的事情也能做成功。

如今，有很多企业越来越深刻地认识到这种精打细磨的工匠精神的重要性。因为工匠精神代表的是一种职业精神，它是一个企业职业道德、职业能力、职业品质的体现，是从业者的一种职业价值取向和行为表现。

瑞士制表商对每一个零件、每一道工序、每一块手表都精细打磨、专心雕琢，他们用心制造产品的态度就是工匠精神的思维和理念。拿瑞士机械表来讲，其精密度越来越高。有一款名为"1735"的机械手表，内有744个零件，最小的细如毫发。这样一块手表，一位顶级表匠全心投入，一年只能制造出一块。时间是最好的见证。钟表工匠以其执着投入一生，以其精湛的工艺在漫漫时间里打磨出了他们的传奇，更为瑞士手表构建了一道长长的"技术护城河"。正是凭着这种凝神专一的工匠精神，瑞士手表能够誉满天下，畅销世界，成为经典。如果外人不懂得瑞士手表成功的真正原因，而肤浅地认为瑞士的成功是其高超的手表制作技术，那他们就错了。因为瑞士手表不但有非常专业的加工技术和结构，而且有独具匠心的专注力和耐力，只有专业级工匠才能做到。

因此，外界即便能复制瑞士手表的技术，但永远无法复制瑞士手表的成功。

这是个“商人精神”时代，那些缺乏像瑞士手表工匠精神的企业，必将面临着巨大的生存挑战。任正非一直非常推崇这种工匠精神，在他看来，如果华为能够做到这种一丝不苟、精细打磨的程度，那么华为能够存活下去，并取得成功是指日可待的。为此，任正非曾在一次讲话中说道：“工匠并不是代表一种机械重复的工作，它代表着一个时代的气质，坚定、踏实、精益求精……在资源日渐匮乏的后成长时代，重提‘工匠精神’，塑造‘工匠精神’，是生存、发展的必经之路。”

而华为也一直在践行这种“工匠精神”，对每一件产品都注入更多的精力去精打细磨，一切只为打造精品而努力。

如今，我们手上的每一部华为产品，都是经过华为反复琢磨，反复实验检验的。华为不但在生产线上对产品进行精打细磨，还在生产线下进行反复测试和检验，用来保证每一件上市的产品都是精品。

有时候，甚至为了解决一个在跌落环境下损坏概率为 1/3000 的手机摄像头的质量问题，华为会投入数百万元进行测试，并反复加以改进和调试，直到达标为止。在华为眼里，所有的好产品没有最好，只有更好，而且好东西都是精益求精的，是需要精细打磨的。将质量进行到底，将产品做到尽善尽美，这就是华为追求“精品”的核心所在。

华为有一个明确的规定，即要做业界标杆、质量标杆。华为为了成为产品质量标杆，每年必须以不低于 30% 的速度去改进；即使成为业界标杆之后，每年依然要以 20% 的改进率改进质量。

华为手机 P9 和华为 Mate8 等多款热销的高端手机中使用的是麒麟芯片，也是华为人历时长达 10 年的时间，经过精打细磨之后才走向市场的，这也是华为工匠精神的集中体现。如今，华为自主研发的麒麟系列处理器，在性能上已不逊色于高通、三星等国际巨头的同类产品。

在这个快节奏时代，企业要想加速扩张，就一定要有属于自己的精品产品，因为质量是企业能力的体现。只有将自己最基本、最核心的产品做熟做透，做成精品，才能支撑庞大的生产线，支撑起整个企业的扩张欲望。

华为要想提升产品质量，就需要有好的芯片；如果不能控制好芯片，改进产品质量只能依靠别人。所以，华为十年磨一“芯”，为的就是能够打造属于自己的好产品，属于自己的精品。

任正非对此有较深的感触，他明白华为要想长久地生存下去就要打造独一无二的竞争力。而产品作为企业的生命，更需要沉下心来进行精细打磨。这种看似在“磨洋工”的行为，实际上锻造了真正的精品。为此，华为荣获“中国质量奖”，这是对华为整个管理体系的认可和肯定，同时也是对华为践行工匠精神的表彰。

正所谓“慢工出细活”。华为正是因为懂得“慢即是快”的道理，才能在这些慢工、细活、严格、严苛的质量体系的把控和规范下，使其产品达到“精品”的标准，使华为品质成为世界标杆，使华为产品能够走向世界。

第九章　服务

——客户才是真正的老板

当前企业之间的竞争已经从最初的产品竞争，逐渐向服务竞争迁徙。所以，一个优秀的企业，应该把客户当成自己的老板，并给每一个客户带来优质的服务，让客户满意，企业才能更好的发展。华为的理念是“以客户为中心，就是为客户创造价值”，这体现的是华为的一种为客户服务的精神，也是华为人才培养第九条规则，即服务的充分体现。

为客户服务是企业存在的唯一理由

当前可以说是“客户为王”的时代，时刻关注客户需求，聚焦客户体验，为用户带来优质服务，这是一个企业能够俘获客户芳心、保证企业常存的重要法则。

正如任正非在一次大会上说道：“全世界只有客户对我们最好，他们能够给我们钱，为什么我们不对给我们钱的人好一点呢？”任正非的这句话直截了当地道出了企业存在和发展的一个真谛——“为客户服务”。这句话虽然听起来简单也很粗糙，但能够说到并做到就非常难了。事实上，华为不仅这么说，也是这么做的。华为将“为客户服务”看作是华为存在的唯一理由，也是生存下去的唯一基础。

任正非每次出差都十分低调，不像很多人一样一出门就前呼后拥，有豪车接送，相反地每次出差都是自己打车到机场，而且从不提前通知负责人安排接机，而是径直坐出租车到达开会的地点或酒店。这已经是任正非的一种习惯和常态了。

有一次，任正非到北京分设的办事处出差，当他下飞机后，办事处的相关人员安排了一辆豪华轿车前来接机。任正非看到眼前的这种情况，竟然勃然大怒，对这位前来接机的办事处干部劈头盖脸地批评了一通：你安排的这辆车就不应该来接我，反而应该去接我们的客户。你也不应该出现在机场，这个时候你应该为客户完成你的工作。这件事一经传出，整个华为公司再也没有一个办事处的领导敢来机场接任正非。

通过这件事情，我们能看到任正非不但不矫情、不要大牌，反而将客户看得很重要，认为一切事情都应当以客户为主，应当为客户做好服务。

如今，华为发展已经历经了 33 年，在这 33 年里，华为一直高举“为客户服务”的旗帜。华为能够取得如今的成绩，靠的也是这一点。华为的明天，也只能存在于客户之中，脱离了客户发展的企业无异于自掘坟墓。

华为在其四大战略内容中，第一条就是：“为客户服务是华为存在的唯一理由；客户需求是华为发展的原动力。”为了保证这一战略的有效执行，任正非还重点强调：在华为，坚决提拔那些眼睛盯着客户，屁股对着老板的员工；坚决淘汰那些眼睛盯着老板，屁股对着客户的干部。显然，华为更喜欢那些把时间和精力都放在客户身上，为客户服务的员工，而不是那些整日花时间和心思讨好老板的员工。

人们常说“顾客就是上帝”，其实这是一个非常普遍的常识。当产品品质相同或相近时，客户自然会从别的着眼点开始找一个能够说服他购买其中一家产品的理由。而服务，是一项成本最低，却最能打动人心的东西。当其中一家企业能够为客户带来超预期的周到服务时，客户自然会毫不犹豫地选择将钱投进这家企业的篮子里。

钱钟书说：“真理都是赤裸裸的。”然而，客户的利益趋向也是非常明晰的。“以客户为中心”本来就是华为商业活动的本质，只有让客户满意了，企业才能生存，才能更好地发展，这是一个非常浅显的道理。

著名管理学大师彼得·杜拉克说过：“企业的目标就是创造并留住

顾客。”华为打造的一切产品和服务，都是围绕创造客户并留住客户开展的。

目前华为已经在全球帮助客户建设了 20 多个云计算数据中心，满足了客户在数据时代对信息数据的需求。

另外，华为还专门成立了消费者与企业研究室，目的是对消费者行为方面进行专门研究。该研究室是由一群来自各行业，有着不同文化背景、喜好，善于推陈出新的年轻人组成。通过探索前沿趋势、探寻市场先机，为客户提供更具前瞻性的解决方案，满足用户不断变化的市场需求。

除此以外，华为也在紧抓时代机遇，设计了为客户而生的产品服务——5G 通信技术服务，以满足人们对通信设备越来越高的网络要求。

甚至具体到一些微小细节上，都能体现出华为全心全意为客户服务的理念。当有客户来华为办事时，华为会派出专车去接送。而且司机也会非常贴心，在客户上下车时，会为客户打开车门，一手扶着车门，一手扶着车顶上沿，并提醒客户小心碰头。司机也从不开快车，不猛踩油门和刹车。

在维护客户关系时，华为也自有一套，推出了“一五一工程”，即一支队伍、五个手段、一个资料库。其中，“五个手段”是指参观公司、参观样板间、现场会、技术交流、管理和经营研究。而且只要是与客户有关的工作，任何一个部门必须及时参与进来。

华为围绕“为客户服务”的理念所做的能够给客户带来帮助、能够为客户带来好处的事情不胜枚举。从企业战略到企业价值观，从产品投资到产品打造，甚至一些微小细节，无一不透露出华为对“为客户服务”的高度重视。

正因为华为始终坚持“以客户为中心”，始终从客户的利益和需求出发，才使华为能够获得更多客户的青睐。有了如此庞大的客户做后盾，华为在市场竞争中自然能够击败竞争对手，成为业界神话。

客户再小也要见

对于很多企业来讲，会认为客户与企业本身两者之间存在着非常明显的利益敌对关系，企业方为了尽全力实现自己的利益，而不惜牺牲客户的利益。甚至有的企业永远将自己看作是甲方，将客户看作是乙方。而且对于大客户和小客户往往区别对待，认为小客户能够给自己带来的利益少之甚少，可以不必重视。但如果企业在这种观念下做生意，只能是一锤子买卖，不会做得长远。

华为却有自己独到的见解，在华为眼里，客户与企业之间是一种相互促进、互惠共赢的合作关系。因此对待客户，无论大小，都会给予十分的重视。因此，华为在对待客户问题上的逻辑是：做企业就是要对得起客户，你给他们满意的产品，他们付钱养活你。任正非也表示：“客户就是我们的衣食父母，就是再小也要见。”

的确，任正非所言不虚，除了客户，其他人想见任正非可谓难上加难。有一次，一位官员想要见任正非，他找了华为的一位高层引荐，但无论这位高层如何游说，任正非依然没有见这位官员。还有一次，摩根士丹利首席经济学家斯蒂芬·洛奇带着一个投资团队到华为进行投资考察，然而任正非却只安排了负责研发的常务副总裁费敏接待这个代表团，而自己自始至终都没出面。事后，斯蒂芬·洛奇有些失望地说：“我们能为他带来30亿美元的投资，他竟然不见我们。”任正非对此事的解释是：如果是客户的话，最小的都会见，会去接待，但洛奇并不是客户。

显然，任正非认为即便是再小的客户，都比为他带来几十亿美元的投资者重要。这也正体现了华为“以客户为中心”的价值观，在客户和投资者两者中，任正非把时间给了客户。这一点，换作是其他企业，面对为自己带来巨额资金的投资方，必然满心欢喜地迎上去，而任正非却一直心中装着的都是客户。

任正非曾在一篇文章中这样写道：“我们每层每级都贴近客户，分担客户的忧愁，客户就给了我们一票。这一票，那一票，加起来就是好多票，最后，即使最关键的一票没投也没有多大的影响。当然，我们最关键的一票也同样要搞好关系。这就是我们与小公司的区别，做法是不一样的。”正是因为任正非能够带着这种想法，一项低调的任正非才会亲自乘飞机到各地去见客户，而华为也一直坚持“普通客户”的原则，将客户至上作为重要理念根植于华为每位员工的心里。

如今，客户的重要性被越来越多的企业所认可，不少企业已经把客户导向作为自己的经营战略基础。从表面上看，好像所有的企业都知道客户的重要性，但事实上“以客户为中心”似乎成了企业为自己宣传的一种口号，并没有落到实处。任正非作为华为的第一领袖，则用自己的实际行动在证明华为重视客户的诚意。

与此同时，华为还坚持以客户为中心的路线不动摇。任正非曾在一次座谈会上声称："我们认为最宝贵的财富是客户，一定要尊重客户。我们以客户为中心的文化，要坚持下去，越富有越不要忘记初心。"华为将客户的重要性和能够给自身发展所带来的价值看得十分透彻，也做得十分到位。

对于一个企业而言，拥有客户就等于拥有了一切，失去客户就等于失去一切。给客户足够的诚意，就能够给客户留下好印象，满足客户被尊重和重视的心理，客户自然愿意与企业保持长期合作。

要知道，如今吸引一个新客户所消费的成本大概相当于保持一个老客户的 7 倍。换句话说，每增加一个对企业满意的客户，就能为企业增加一份无形的资产。华为能够"亲客户，远社交"，对每一个客户都能表示出自己足够的诚意，即便是小客户也以同样的方式相诚以待，可想而知华为拥有了多少份无形资产，这些都是华为所拥有的最宝贵的财富。

以客户的梦想为先

十多年前，华为就提出："华为的追求是实现客户的梦想。客户是华为一直坚持的中心，以客户的需求为指导方针，持续为客户创造长期价值。"这成为整个华为的核心价值观，也是每一个华为人内心深处的信念，推动着华为一步步地走向成功。

一个企业的生存就是依靠利润。员工是要给工资的，股东是要给回报的，但利润的来源却是客户。所以，企业必须为客户带来能够满足其需求的产品和服务，才能从客户那里换来利润。华为将客户的梦想看作是自己的梦想，并且秉承“以客户梦想为先”的理念，在产品研发、生产过程中，都时刻站在客户的立场上思考和执行，用最先进的科技手段，创造出满足客户需求的产品和服务。

当前，市场中能够为客户提供满足其需求的产品和服务的企业有很多，但是能够完全满足客户需求的企业却少之又少。而华为却能够在无线网络、固定网络、业务软件、数据传输、终端设备等方面对产品的完善及问题的解决，都是围绕客户需求进行的。

在过去十年，华为为了研发出更多能够满足客户需求的产品，累计投入 2400 亿元进行研发创新，所有员工中，有 45% 的人员属于研发人员。华为在全球还设立了 16 个研发中心，36 个联合创新中心。如此高的投入背后，很多人并不知道，华为为了尽可能地满足客户需求，也曾经付出了很多。

华为每年都要拿出超过 10% 的收入用来研发，从而保证从始至终给客户带来的都是高品质、高可靠性、技术领先的创新产品。此外，华为还围绕客户应用场景，从底层芯片、整体架构、工程设计和上层应用等方面进行持续研发和创新，以充分满足客户当前和未来对云计算基础设施的变化需求。此外，华为在底层芯片上也持续投入巨额资金，在管理软件、虚拟化、大数据、分布式存储、数据库、操作系统等方面也积累了丰富的实践经验。

客户对于产品，自然是在功能方面越多越好，在性能方面越稳定越好，在使用体验方面越流畅越好。针对这些方面，华为在研发产品方面，下了很大功夫。以华为推出的业内第一款32路开放架构小型机KunLun服务器，其高可靠核心技术RAS2.0，完全采用的是华为自主研发的高性能NC和BMC芯片，这是全球唯一一个实现了CPU热维护的32路服务器，有效确保了企业关键业务的高可靠性、使用的流畅性，尤其是其稳定性更是达到了世界领先水平。

华为的服务器凭借其高品质特点而受到了全球用户的认可和青睐，这也是对华为走在“以客户梦想为先”道路上最好的鼓励，也促使了华为继续向服务器加大研发和投入，这也进一步吸引了更多的客户对华为有了更多的关注。

其实，华为的做事风格和客户反馈，形成了一个良性的互动，并且这个互动会就此不断循环下去。华为能够从客户长久的基本诉求中，寻找到自己发展的方向。因此，华为产品的发展以客户需求为路径，以客户需求为目标，在此基础上以新的技术手段来实现客户需求。新技术一定是能够促进质量好、服务好的前提和保障，未来技术一定越来越先进，而缺少的是能够全方位满足客户需求的产品。只有关注客户需求，才能让客户满意。

华为经常进行客户满意度调查，每年会专门组织人员收集各种相关信息，将用户的意见和建议作为努力的方向。为了能让产品和服务更加贴近客户，华为还专门提出了六个必须防止的误区：高高在上听不到客户的声音；以我为重，强行引导客户需求，听不到客户的意见；听到了表象，没有抓住实质；“花花绿绿”，不加分析，全盘照收；抓大放小，忽略掉了潜在增长点；面对变化的环境，却固守以前的规则、理念。从中可见华为对客户的细心之处，也说明华为把关注客户的工作落到了实处。

客户满意，是对企业工作的评价，是企业所追求的目标。然而，谁能为客户提供更多有价值、让客户满意的产品和服务，谁就拥有了市场，谁就能从竞争中胜出。华为将客户的梦想作为自己的梦想，在“华为基本法”中，有这样的规定：华为的追求是在电子信息领域实现顾客的梦想，使我们成为世界级领先企业，为了使华为成为世界一流的设备供应商，我们将永不进入信息服务业。

这不仅是华为公司核心价值观，更是华为核心竞争力的具体体现。华为用自己的实际行动和所收获的成功告诉我们：只有关注客户、满足客户需求、实现客户利益、实现客户梦想，企业才能活得长久。

在客户面前展现华为人的责任心

一个企业，员工必须有责任心，这几乎是人尽皆知的道理，可是员工对谁负责呢？是对老板还是客户？不同的企业就会有不同的答案，就有不同的结果。

华为已经形成了每一个员工都要对客户负责的企业文化。这也是和华为的“一切以客户为中心”的理念有关的。一个没有责任心的员工，是不可能主动去帮助客户想出创新的解决方案的。但华为的员工却因为把自己当成企业的老板，在企业待得时间越久，所获得的分红也就越多，所以大部分人不会为了追求一两年的短期业绩而牺牲掉客户的利益，而是想尽办法用自己的责任心为客户服务，为客户做好各项工作，让客户愿意与华为长期形成合作关系，在企业和员工、客户之间形成一种互利共赢的关系。

在经济全球化加速发展的时代，服务已成为一种全新的竞争内容，电信运营商的服务竞争时代也已经来临。企业能否为客户带来高品质的服务质量和水平，对于能否稳定市场和开拓新市场来讲，起到了至关重要的作用。华为在全球范围内服务的客户已经超过2000家，华为能够获得如此庞大的客户规模，很重要的一点就是华为在客户面前展现出了华为人的责任心。

华为即使在面对困难时，也都敢于主动承担起责任，主动帮助客户走出眼前的困境。任正非在一次座谈会上讲道："我清楚地记得,2007年，我以总部机关专家的身份到海外支持时，临走前海外某总监对我说的一席话：'看得出，你喜欢海外生活，也热爱海外生活，这是能常驻海外非常重要的一点。'我们当初刚来海外时，没有业务平台，一切都要靠自己逐步搭建起来。那个时候做事，资源极其缺乏，有些时候也不知道什么样的解决方案适合，很多时候做事情就是靠一种责任心在支撑着，真的不是为了别的。"可见，即便在十分艰苦的条件下，任正非也因为内心的一份责任没有放弃为客户寻找解决方案的决心。

责任心是一个企业生存的根本，更是成就事业的前提，一个缺乏责任心的员工是没有价值的员工，一个缺乏责任心的企业注定会走向失败。华为从上到下，从领导到员工，时刻都因为责任心和使命感为客户提供最优质的服务，因此使得华为在客户心中的企业形象更加高大起来，并在客户心中种下了一颗可以依靠和信赖华为的种子。

孟加拉国是华为的客户之一，华为为孟加拉国提供基站服务。但这里环境比较差，而且经常停电，停电时间还很长。有时候还会遇到各种极端性天气，如风灾、雨灾等，造成基站的破坏。但华为在当地的交付做得很好，虽然孟加拉国算不上大客户，但华为的网络质量在全国是最好的，每次都能在第一时间内为客户解决问题，第一个为客户恢复网络。为什么可以做到这样呢？因为华为有着对客户服务的责任心，为客户着想的行动原则。在责任心驱使下，华为员工就能以最快的速度保证客户的网络质量。

责任心同样是企业难能可贵的竞争力，正所谓“用心者得心，用力者得力”，华为为客户付出了责任心，换来的是客户死心塌地的合作之心，更换来了华为如今的辉煌。正如任正非所说：“作为一个不懂技术的管理培训从业者，从文化上，我对华为的未来充满了热切的信心，它是善意的强大，也是温情的拼搏。”

为客户提供超预期的华为专属服务

目前，企业竞争激烈，每天都有无数企业上演无以为继、艰难挣扎的戏码。市场讲的是经济，讲的是优胜劣汰。企业一味走老路，是没有前途的。一个企业，向客户售卖的不是产品就是服务。尤其是当前这个客户注重服务体验的年代，服务品质的提升才能为企业迎来好口碑。

华为是一个注重为客户服务的企业，然而华为为用户提供的服务，并不是像普通企业一般都有的服务，而是提供超预期服务。所谓“超预期服务”，就是超过客户想象中应该有的服务。

在市场里买水果的时候，水果挑好了，老板给套上塑料袋，水果就可以拎走了；而在水果专卖店，挑好水果后，老板还会为顾客切成小块，配上小竹签，然后装在一个塑料盒子里，还会笑脸相迎地问顾客是否需要加什么酱，而顾客拿到水果后感觉似乎格外的甜。水果店老板的做法就是一种超预期服务。虽然只是小小的服务，却有很强的影响力，给顾客带来不一样的感受，并在其心中留下了深深的优质服务的“烙印”。

其实，很多时候，对于给客户提供的服务，并不是等客户提出来才去做，而是需要提前了解客户需求，能在客户要求前，就将其做好，这样才能让客户感到出乎意料，有更高的满意度。国内的海底捞可以说是餐饮界为顾客提供超预期服务的典范。以往，餐厅吃饭，排队、等号、入座、吃饭、离店一气呵成，但海底捞却有不同的玩法：免费瓜子、免费美甲、为单身客人送玩具熊陪吃、下雨帮忙打车、担心影响顾客就餐为长发女性顾客提供绑头发皮筋……海底捞的这种超预期服务，征服了许多顾客，而这些顾客也非常愿意主动为海底捞做免费的宣传，为海底捞带来更多的生意。

餐饮界有海底捞，而通信电子行业有华为这样的标杆型企业。任正非就经常强调：“不要等到客户要求才去做，否则即使做完了客户也不会满意。”如果能在客户要求或想到之前就做好一切服务工作，就能从内心打动客户，进而与客户之间建立起良好的客户关系，这对于一个企业的长期发展大有裨益。

在华为，接待的过程也是为客户服务的过程，接待是一种很好的生产力。让我们看看华为是如何做的：

华为负责客户接待的部门是客户工程部，单从“客户工程部”这五个字，就能看出华为对客户的重视程度，将建立良好的客户关系当作一项工程来做。另外，任正非安排自己的儿子亲自掌管这个部门，华为对待客户接待工作的重视程度可见一斑。

在客户参观华为的前两天，华为客户工程部的工作人员首先会和客户电话沟通，进行行程安排，并做好相关接待细节等事宜。这样做，一方面，为了让客户走进华为之前对于整体安排有一个大体上的了解；另一方面，以便华为的工作人员对前来参观的客户有更多的了解，包括来访核心领导人员名单、性别、年龄、民族、籍贯等信息，同时最重要的是必须了解客户此次参访最大的诉求。当对这些信息有一个很好的了解之后，工作人员就可以更加有针对性地安排参访和讲解，并可以做到有的放矢。

当天接待客户的时候，华为会安排一辆礼宾引导车全称陪同引导，一般会是奥迪或奔驰等世界名车。由于担心客户可能对路程不太熟悉，所以华为的礼宾车会提前15分钟停靠在高速公路华为出口处等待。另外，华为的礼宾车司机也都是经过严格选拔的，除了对驾驶技术要求过硬以外，还对长相和身高也有一定的要求，因为这样极具帅气形象和独特气质的司机为来访客户做引导，并且提前在高速路口等待，可以显示出华为对于来访客户的尊敬和重视。

当客户到达华为的那一刻，出面接待客户的副总裁很可能就是客户的校友；也可能会安排与客户有相似文化背景的成员与客户进行交流，如本地员工，这样可以大幅提升与客户交流的效率，并能够更好地取得客户的信任。

参访华为的第一站是华为的产品展厅，一进入展厅，就能看到“欢迎某某莅临华为参观”的电子欢迎牌，让来访者有宾至如归的感觉。

如果是来自沙特的客户，在进餐前，华为员工就会为客户在餐桌中间摆上沙漠和骆驼模型，这样客户在进餐时看到眼前的这些模型，就会有一种回到家的亲切感。

在客户接待方面，能够做到这样的企业凤毛麟角，然而华为做到了，并且做到了超出客户的期望。华为的客户工程部不仅是在为客户提供接待这样的简单工作，更重要的是通过自己独一无二的超预期服务，在客户心中展示华为的品牌和形象。有了这样的超预期专属服务，如果客户在提到企业的高服务水平时，在他们脑海中出现的第一个画面一定是华为；如果客户有相关电子通信等方面需求时，第一个想到的也会是华为。

华为的这种超预期专属服务，让人们对华为有了更多的了解和认识，拉近了与客户之间的感情和距离，为华为日后建立长期合作伙伴关系打下了良好的基础。

华为能够时时处处为客户着想，将服务工作做到每一个微小的细节当中，这完全可以看出华为对客户的关注和尊重，这也是华为在人才培养时注重服务培养的精髓所在。

第十章　求实
——战术上一定要务实，战略上懂得务虚

“求实”是追求事物的真实本质，是客观看待一切事物。一个好的企业，需要求实精神，需要正确看待自身的优劣势，正确看待当前的生存环境。华为在人才培养上始终坚持的第十条规则就是求实，反对弄虚作假，鼓励实事求是，这也是华为的一种企业文化。然而，华为在追求求实精神的同时，也强调战术务实，战略务虚，因为华为的务实是为生存、保现在、求实效、求短期，而务虚则是图发展、想未来、定方向、谋长远。这样，华为才能在务实和务虚中寻找到平衡点，谋得更好、更加长远的发展。

低调才能务实

在大多数人眼中，能够算得上中国大型民营企业的，无非就是阿里巴巴、腾讯、百度等，能称得上大型国有企业的无非就是“四大行”（中国工商银行、中国农业银行、中国银行、中国建设银行）、“两桶油”（中石化、中石油）、中国移动等企业。但是，总有一些企业十分低调，从不奢华。

华为应该算是最能体现“低调”二字的企业。华为是中国少数几家具备核心竞争力、让欧美高科技公司都忌惮的大型企业，但华为的每一个员工以及其掌舵者却能够远离名利场，一心做事业，能够做事务实，做人低调。这是很多企业所无法比拟的。

任正非从创办华为以来，一直很少接受媒体的正面采访，也从不参加评选、颁奖活动和企业家峰会，甚至连有利于华为品牌形象宣传的活动，他也会一律拒绝掉。

任正非每次出差时，不带任何助理，没有 VIP 通道，没有豪车接送，而是一个人拉着行李箱，挤摆渡车、坐经济舱、排队等出租车，甚至在公司也都和其他员工一样排队打饭。

甚至有一次，任正非接受邀请去参加一个大型国际通信设备展览会，在会场上，有一家电信公司的老总走到任正非面前，十分敷衍地要求交换名片，任正非却并没有因为对方的这种敷衍而生气，相反还拿出谦和有礼的态度做出回应。当这位老总回去整理名片时，才惊奇地发现，这里面竟然有一张是电信“大亨”任正非的名片，他几乎对眼前看到的一切不敢相信，而且他并不知道自己什么时候和任正非交换的名片。他原以为那位穿着朴素的老者只是一个十分普通的参展者，所以只是抱着一种可有可无、十分敷衍的态度要求交换名片。结果，这让他错过了与任正非交流的机会。任正非虽然已经是世界500强、拥有超过18万名员工的中国著名高科技公司的创始人，但他从来不奢华，行事出奇的低调。

在中国众多企业家中，任正非可能在别人眼中是一个“异类”。但一个人，最难做到的是在其成功的时候还依然能够保持低调。如果说早些年，华为一直殚精竭虑，为了能够在市场中获得一席之地而行事低调是件再正常不过的事情，那么如今华为已经从国内市场走向国际，在华为如此成功的今天，华为上下依然能保持行事低调的作风，这是很多人和企业难以做到的。正是因为这种低调的作风，让任正非及华为人能够静下心来思考企业发展，制订长远战略，而不被外界的因素干扰。

不仅任正非本人十分低调，整个华为都十分低调。华为的典型设备经营在国内外市场已经名声斐然，然而华为在公开场合，却从不称自己是“第一”。华为也不打广告，如果不是因为新闻媒体对华为进行相关新闻报道，人们很难得知华为的相关信息，比如华为是如何做营销的？华为在全球与哪些企业有合作关系？华为在全球建立的基站有多少？华为为全球多少个国家提供服务？……而华为唯一做的就是将焦点集中在两点上：一是产品，二是品牌。媒体对华为所了解的，也只是基于这两个方面的延伸。

华为不炒作概念，不上市，为的就是能够将所有的精力都集中在产品上，要将产品落实到消费者体验上；为的就是将华为打造成一个全球范围内响当当的品牌。华为更加注重的是长远利益，追求的也是“做长、做久”，所以华为从不做概念炒作、不上市。其实，华为的这种不极力粉饰渲染自我，而是通过更好的产品来闯荡市场“江湖”的做法，比那些用铺天盖地而来的高调宣传来提升自身品牌价值的方法要更加高明、更加有效。

在当今这个追逐名利、物欲横流的时代，像任正非和华为这种低调做人、踏实做事的求实精神已经十分罕见。虽然一个企业的荣辱名誉很重要，但不过是过眼云烟，只有切实的利益和长远的发展才是更重要的，才更有实际意义。华为作为一个国际型企业，又是一个典型的“低调型”企业。虽然如此低调，但华为所获得的有目共睹的成功，使华为的低调实现了真正的“高调”。

坚持实事求是的工作作风

相信绝大多数企业的员工对上级和工作有不满情绪时，都会先在心中发一番牢骚，然后在内心平静后进行自我克制，从不敢对上级“进言”说出自己的心里话，更不敢“以下犯上”，最终选择明哲保身。

企业员工敢说真话，这对于很多企业，尤其是那些大型企业而言，是不可思议的事情。然而，企业员工敢于说真话、说实话，敢于各抒己见，让企业获得更多真知灼见，可以帮助企业发展，并快速走向成功。

华为就是一个鼓励员工要坚持实事求是的工作作风的企业。对于“实事求是”的解释，任正非曾在“华为基本法”讨论会上讲道：“实事求是，是既要按程序办事但又不能死板地唯程序论，既要讲科学又不能完全依赖基于信息不全的科学分析。实事求是，就是要用辨证法的思想来认识世界，不是去追求事物的绝对正确，而是去追求事物的合理性。”

一个企业，如果长期弥漫着一股浓重的歪风邪气，包括上下级关注领导超过关注客户；对领导出差时的生活安排费尽心思，但对于环境艰苦的工作岗位却敬而远之；没有工作业绩，但做工作汇报时却喜欢虚报、浮夸，从来报喜不报忧、过分掩盖是非、掩盖事实的真相，汇报内容空洞，泛泛，懂得迎合领导、美化下级；不敢承担责任，遇到问题首先考虑推诿给他人而保全自己。这类人在华为是极其不受欢迎的，是要被华为降为一般的办事员，或者会被清除出队伍的。

因为无论是无作为的懒汉干部，还是掩盖事实真相者，抑或是明哲保身者，都不符合华为对人才求实的要求。有了这样的员工，团队就会逐渐怠惰，就像温水煮青蛙一样，最终会使企业逐渐萎缩，最终走向“死亡”。

2017 年，华为的创始人任正非被高管列出了“十宗罪”：

第一宗罪：任总的人力资源哲学思想是世界级创新，但有的时候指导过深过细过急，人力资源体系执行过于机械化、僵硬化、流程化，专业力量没有得到充分发挥。

第二宗罪：不要过早否定新的事物，对新事物要抱着开放的心态，让子弹先飞一会儿。

第三宗罪：工资、补贴、奖金、长期激励机制等价值分配机制需要系统梳理和思考。

第四宗罪：不能把中庸之道用到极致，灰度灰度再灰度，妥协妥协再妥协。

第五宗罪：干部管理要在风险和效率上追求平衡。

第六宗罪：要重视专家，强化专家的价值。

第七宗罪：反思海外经历适用的职务范围问题。

第八宗罪：不能基于汇报内容、汇报好坏来否定汇报人员或肯定汇报人员。

第九宗罪：任总的很多管理思想、管理要求只适用于运营商业务，不能适用于其他业务。

第十宗罪：战略预备队本来是“中央党校”，但由于实际运作执行问题，结果变成了“五七干校”。

任正非被高管的“十宗罪”“怒怼”，其实在华为内部一点也不奇怪。因为，没有哪个人是十全十美的，任正非非常乐于听真话，愿意听取各方的意见，勇于承认错误。而这正是华为的灵魂，更是华为的一种求实文化。

为了让真正敢说实话的人不受打击报复，任正非还专门签发了一封邮件，提拔了一个说真话的员工。在华为员工论坛上，有华为员工当即表示看了非常激动，甚至想哭。还有的员工则调侃道：“从今往后，讲真话、多举报是华为升官发财的好机会。”任正非对敢于讲真话的员工的保护，以及让勇敢正直的人获得丰厚的回报，使更多员工能够站出来说真话，在华为内部形成了一个良性的正向循环，进而给华为创造了更大的价值。

华为的求实精神，让每一个华为员工和干部都敢说实话、说真话，让每个华为人都能知道自己的不足，并敢于去面对自己的失败，有勇气去积极改正。正是这种求实的人才培养规则，让华为从一家小公司走向世界。如今，华为正在全员实事求是的工作作风下进行自我迭代，与时俱进，这会让华为的发展更加长盛不衰。

产品及技术创新秉承实事求是原则

科技是一个国家、一个企业实力的象征，所以科技创新成为提升国家和企业竞争力的核心。为了追求创新，很多企业在创新方面往往体现出一定的盲目性，为了创新而创新，成了企业创新路上的一个弊端。

华为在产品和技术方面的创新是非常值得众多企业所借鉴的。如果要对华为的产品和技术创新作一个总结的话，用四个字进行概括，那就是——实事求是。任正非在一次讲话中，将“实事求是的科学方向和二十年的艰苦奋斗”作为讲话主题，这足以说明华为在产品及技术创新方面对实事求是的重视程度。

早期的华为是没有自己的产品和技术的，但经过多年来的不懈努力，华为拥有了自主研发的产品和技术。直到现在，华为能够为全球提供国际水准的通信产品数不胜数，拥有的专利数量总数超过 7 万项。

华为在产品和技术方面的创新是如何实现实事求是的呢?

市场是在激烈的竞争以及客户需求的变化中不断发展的，企业产品以市场为导向进行研发和创新，是自然而然的事情。然而，随着华为发展规模的不断扩大、部门职能的细分化程度加深，华为直接让研发人员面向市场，直接对产品的市场负责，对开发成果负责，并且用流程运作和考核机制来保证这种以市场为导向的产品创新能够得以实现。

另外，国内外有一种偏向思维，就是：重技术、轻管理、轻市场，缺乏商品化意识，缺乏成本意识。华为特别注重对研发人员进行思维改造，强调研发人员在进行产品创新时，要以市场为导向、以业务为导向。

但凡那些能够深入市场，走近客户，与客户打成一片的人，都能够对客户需求有很好的了解，而一切产品的最终归宿都是客户。所以，产品研发人员应当根据客户需求实事求是地进行创新和研发，这样围绕客户需求的创新才能深得人心，受到客户的欢迎，才能更好地抓住市场，成为市场中的领先者，甚至是领导者。

华为一直非常重视平台建设，并认为“小公司靠创意，大公司靠平台”，在产品创新方面，华为将产品平台和技术平台以及研发管理平台看得非常重要。华为的所有产品，都源于CC08数字交换平台，所有的产品都继承了CC08数字交换平台的“基因”，从而形成了巨大的产品线平台。

然而，由于产品的背后是需要技术作为支撑的，尤其是核心技术。“华为基本法”中明确指出：“广泛吸收世界电子信息领域的最新研究成果，虚心向国内外优秀企业学习，在独立自主的基础上，开放合作地发展领先的核心技术体系，用我们卓越的产品自立于世界通信列强之林。”

这句话显然表达了华为在核心技术发展方面的战略思路。华为在核心技术方面，已经成为领跑者，但西方企业已经经过几十年甚至上百年的发展，在技术方面积累了十分深厚的底蕴。面对这种情况，华为以一种开放合作的态度，虚心向别人学习，站在巨人的肩膀上，引进更新更好的技术，然后再进行创新，发展自主专利体系。华为的这种开放合作与学习的态度，正是一种实事求是的精神。华为也认识到自身当前的技术水平还不足够先进，必须寻求合作和学习对象，才能让自己的产品和技术达到更高一层境界，才能让华为发展得更好。

华为非常重视各种精神的传承、鼓励和奖励，所以经常对那些有着实事求是精神的产品和技术创新研发人员给予荣誉表彰，如创新奖、协作奖、攻关奖等。

华为从成长到壮大，经历了无数艰难险阻，也经历了重重考验，如今华为的成功经验告诉我们，只要本着实事求是的原则，以市场为基础，以平台为支撑，培植创新沃土，创新的大树就一定能够茁壮成长。

不会务虚的企业实不出名堂

华为是由一位 70 多岁的商业思想家，带着十多位企业战略家，几千名中高层管理者，以及中高级青年知识分子为主体的知识型劳动大军组成，这个庞大的军队能够在全球五大洲的各个角落留下深深的脚印，并给五大洲带来巨大的影响。

有人认为华为是一个崇尚求实精神的企业，不会搞一些虚头巴脑的事情，是一个纯粹的务实企业。但事实并非如此。华为是一个务实企业的同时，也在务虚。因为，一个不会务虚的企业，是不会“实”出什么名堂的。

战略方向是一个企业发展的方向，也是企业获取实实在在成果的方向。任正非认为一个公司取得成功有两个关键：方向要大致正确，组织要充满活力。这里的“大致正确的方向”就是指能够满足客户长远需求的战略方向。其实，“方向”两个字包含的内容十分广泛，如以客户为中心、以奋斗者为本、艰苦奋斗……这些都是华为前进的方向。作为一个商业组织，如果不能聚焦客户需求，把握客户的商业趋势，方向就不可能做到大致正确。

在华为人看来，任何一个计划、战略的实施与执行，都不应该盲目冲动，企业必须保证决策和战略的科学性、保障目标与计划的合理性。任正非将“龟兔赛跑”的故事加以引用，意在说明：在重大战略上，要用乌龟的韧性、持恒、沉稳、坚持不懈的风格；在战术行动上，则用兔子的机警、灵动、快速反应的风格，如果乌龟与兔子二者可以相佐相辅，呼应与协力，这样所产生的工作效率会更高一些。而这些，就需要通过务虚来实现。

那么什么是务虚会呢？务虚会是相对于务实会而言的。一般单位在年初或某一阶段初期召开会议，商讨制订该年或该阶段的计划安排以及希望达到的目标，以作为以后的准则和大纲，这就是务虚会。而在年终或该阶段结束后所召开的会议，用来总结收获和不足，这就叫务实会。

务虚会主要是针对决策环节而言，是讨论下一步工作的思路、方法，制订下一个工作的框架，主要是思路性的东西，定下思路再在以后的工作会议上做具体的部署，是具体工作的前提，是对事物发展规律与走势进行宏观把握。而务实会则是将决策变为现实。

其实，务虚是为了通过更好的计划、思路和方法，收获更好的结果，务虚的目的就是更好地务实。往往很多时候，在务虚会上“以虚促实”，可以务出很多实招。科学的务虚有助于认清形势，把握趋势，少走弯路，提高效率。

在务实会上，人人畅所欲言，对企业面临的各种“卡脖子”问题不回避，不掩饰，敞开说想法，敢于谈困惑，积极提建议，相互借鉴启发。

任正非更是鼓励高层要学会务虚：“战略性的重大决策一定要慢，高层要适应清谈务虚，不要总想着太实的事情，具体执行的事项你都去管了，要下面的人干什么？”在华为，务虚会成为其一大特色。每次确定一个主题时，十多个、几十个人不等，地点通常选择一些风景优美、环境清幽的风景区，在这里大家可以完全处于放松状态，能够更好地畅所欲言。

务虚会议的时间一般为两天，第一天上午是慢议，完全采取的是“头脑风暴”的方式，所有人都可以说出自己的想法。到了下午，会议主要是聚焦到主题，大家围绕主题进行开放式讨论。在整个务虚会上，每位到会者与任正非之间都是会议话题的参与者，不分职务高低，参会的每个人都善于和敢于与任正非和其他高层进行讨论和辩解。

到了第二天，所有讨论的议题都进一步得到收缩，主要聚焦到几种有代表性的观点进行讨论，然后再形成纪要。然而，此时形成的纪要并不能算是定论，还需要将纪要下发到相关部门的高管层，听取他们的意见和建议，接着再进行讨论和修改，将这个过程如此反复几次之后，真正的决议才最终形成。

与拍脑袋即刻确定决议相比，华为的这种决议制订方式更加烦琐、谨慎，原因在于华为人始终坚持“战略决策关乎方向，方向错误，速度越快越容易翻车”。正如任正非所说：“我们是小公司的时候，下面有什么事都来找我，我是凭感觉判断对错，马上拍板。下面的干部也一样，都是跟着感觉走，决策很快。这样效率的确高，却走了不少弯路。这些年，我们经历了从不民主到高层民主、再到集体民主的过程，集体决策的成分多了，所以决策的速度也慢了，失误也少了。一个主流的观点要一点点地渗透和深化，释放的速度很慢，我们不倡导立竿见影，但是当它真正深入人心时，就会引爆巨大的能量。”

华为不仅开务虚会，还在公司最高层的经营管理决策机构下设立了战略与客户常务委员会。该机构的职能是围绕公司的中长期生存和发展问题，对公司战略与客户方向的议题提供指导、愿景和理念，重点在于方向上的务虚，主要确定方向，而不陷入日常事务的审批。可见，华为战略方向与目标的制订与这一机构有着十分密切的联系。

如今的华为，给予务虚会的重视程度越来越高。毕竟，华为的务实工作需要务虚会议制订的相关理论、思想、方针为指导，在更加明确的指导下，华为才能在执行的过程中有更加明确的方向。

要知道，不做思考、不做计划，一味埋头苦干，是不会出成绩的。开务虚会只是华为的一种手段，落实才是华为的真实目的。既要重务实，又要善务虚，把务实与务虚结合起来，才能保证华为各项工作更加高效完成。所以，对于一个企业，如果只想着务实，不会务虚，那么它是不会“实”出什么名堂的。

第十一章　危机
——没有危机意识，才是最大的危机

华为能够从一家小公司经过艰苦奋斗发展成为国际型企业，正是因为华为始终如初建时期一样，保持着一种很强的危机意识，时刻让自己保持头脑清醒，不被眼前的辉煌和成就迷了双眼，不让自己迷失自我，这既是华为作为企业长盛不衰的秘诀，也是华为30余年来培养人才的核心规则，更是助力华为成为百年企业的核心竞争力。因为华为明白：没有危机意识，才是最大的危机。危机作为华为人才培养的第十一条规则，也是华为能够获得更大成功的真正原因。

只有活下去，才有希望

企业在创建、成长、发展过程中会遇到很多艰难的考验，凡是能够经得住考验的企业，都活了下来，并且有的还成了市场中的佼佼者。所以,“活下去”三个字对于一个企业来讲十分重要，只有活下去，企业才有希望，才能获得更好的未来。

华为从创建到如今，历经 33 年的风雨考验，更是深谙“活下去”这三个字的重要性。华为任何时候都将“活下去”当作目标，更是将“活下去”当作企业常存的前提条件。所以，华为将最低纲领定为“要活下去”。这也是华为“危机精神”的体现。为什么这么说呢？

我们通过华为在这 33 年里的部分经历就能看到端倪。

在华为初创时期，任正非和其他五个人凑了 2 万元创建了一个无资本、无技术、无人才、无管理的公司。为了能够活下去，华为开始为一家公司的模拟交换机做代理，没想到，当时正值国家改革开放时期，家装固定电话十分火爆，市场对这种交换机的需求量很大。这为华为能够生存下来提供了很好的契机。

当时国际通信设备巨头在国内赚得盆满钵满，仅 1993 年中国就有超过 100 亿美元的真金白银流入了外企的腰包。华为对这些吸血鬼非常愤怒，梦想着国产机能和他们平分天下，于是华为为了活下去，就得从服务入手，将售后服务做到极致。维护人员 24 小时准备着，一出问题马上赶去维修，态度还非常好。这样，那些“洋品牌”虽然质量比华为好，但价格昂贵，后续维护困难，出了问题往往没人管。而华为却用产品和服务并重的方法，让生意越做越大，抢占了很多品牌的地盘。这样，华为在众多竞争对手的加持下活了下来。

此后，越来越多的代理公司冒了出来，且质量参差不齐，还出现了恶性降价竞争，市场被搞得一团糟。华为意识到只做代理成不了大公司，把握不了货源，等于脖子被别人掐在手里。于是华为又一次为了生存开始进入真正自主创业阶段。

员工挤在一个楼层，工作、吃饭、睡觉都在这里解决，虽然环境很差，但华为员工为了能够生存下来，克服这些不尽如人意的因素，逐渐养成了“垫子文化”，养成了艰苦奋斗的作风。任正非为此感慨道：“企业能否活下去，取决于自己，而不是别人，活不下去，也不是因为别人不让活，而是自己没法活。活下去，不是苟且偷生，不是简单地活下去。活下去并非容易之事，要想健康地活下去更难。”

后来，毕业于华中理工大学的本硕连读的郑宝用加入了华为，极大地提升了华为的技术水平，使得 HJD48 很快研发成功，可以容纳 500 个电话用户。随后郑宝用带领研发队伍，相继研发出来带 100 门、200 门、400 门、500 门的系列用户交换机，为华为带来的利润过千万元。任正非在召开大会时，哽咽着说道：“我们活下来了。”华为终于熬过了创业的生死线。

正是因为前期工作的艰苦，换来了如今辉煌的华为，也正是前期所经历的苦难使得华为意识到活下去的重要性，使华为有了一种危机意识，使华为如今还能够将活下去作为企业的最低纲领继续保持下去。任正非也在一次讲话中强调："我们首先得生存下去，生存下去的充分且必要条件是拥有市场。没有市场就没有规模，没有规模就没有低成本。没有低成本、没有高质量，难以参与竞争，必然衰落。"

管理学大师德鲁克说："企业的首要责任是活着。"的确，一个企业能够在最艰难的阶段保持激情和活力是比较容易实现的，一个企业能够保持三五年的激情和活力也是比较容易做到的。但华为作为一家优秀的国际级企业，却依然能够时刻保持清醒的头脑，并深知活下去才是企业的硬道理，能够长期持久地保持激情和活力，这对于一个企业来讲，是非常不容易的。

如今的华为已经发生了翻天覆地的变化，然而对于华为来讲，其长期研究的问题依然是"如何活下去"，并且积极寻找活下去的理由和价值。只有活下来，才有持续竞争的可能，才有企业不断发展壮大的可能。如果失去了活下来的机会，一个企业也就失去了希望，一切都等于零，在市场竞争中会输得更惨。华为所产生的危机意识，其实并不是多余的，而是对其亲身经历的经验总结。

对于"如何活下来"，华为也找到了答案：企业的目标是存活下来，存活下来的前提就是具有竞争力，能赢得客户的信任，要服务好客户。

一个企业的长久发展，不是从天而降的，只能靠劳动来创造。即便企业已经走到了巅峰时刻，也应当时刻保持危机意识，时刻提醒自己要想方设法活下来，才能稳坐巅峰不动摇。如果有更多的企业和领袖能够这样去想、去做，相信企业会更安全、更稳健、更有生命力。

预备“粮草”，准备“过冬”

我们经常听到很多创业失败的人说：“如果我当时能够稍微留意一些，就不会酿成现在的结果。”“如果我能时刻保持高度警惕，一切就不会是现在这个样子。”这些人之所以失败，从他们悔恨的话语当中就能感受到是因为他们缺乏危机意识。

古人云：“畏危者安，畏亡者存”，说得很有道理。一个做事从来没有危机意识的人，只会沉浸在自我的成功当中无法自拔，不思进取，忘记了自己停滞不前的同时，别人却在不断进步，赶超自己，甚至将自己淘汰出局。这样的人，所取得的成功注定如过眼云烟，短暂辉煌过后便在人们的脑海里逐渐消失得不留一丝痕迹。一个企业也是如此，如果因为取得了一些成就就开始懈怠、开始安于现状，躺在功劳簿上睡大觉，那么这个企业注定与真正的成功无缘。

华为如今是一个实力雄厚的国际型企业，却也是一个极具强烈危机意识的企业。任正非深知“生于忧患，死于安乐”的道理，具有很深的忧患和危机意识。正如比尔·盖茨认为：“微软离破产永远只有18个月。”百度李彦宏所说的：“百度离破产永远只有30天。”前任IBM总裁路易斯·郭士纳所说：“长期的成功只有在我们时时心怀恐惧时才可能实现。不要骄傲地回首过往成功的战略，而是要明察什么将导致我们未来的没落。”这些知名企业家都有一种难能可贵的危机意识，知道危机意识的重要性。

凡是那些知道惧怕危机的人，都可以适当地约束自己，时刻保持警惕，确保自己不履险地。同理，那些畏惧死亡的人，能活得更长久。任正非对华为的未来具有一种危机感，有一种对于失败的危机感。

在这个瞬息万变的时代，科技互联网的到来，缩短了更新换代的周期，加快了产品的迭代创新速度，尤其是科技企业，在这方面遇到更加严峻的挑战。一个百年企业倒下，往往只需要几个月。诺基亚当年作为行业的领头羊，占据着绝对的市场地位，本想着能够“千秋万代”，可是却在转眼间便轰然倒下；苹果公司曾经延续了四十年的辉煌，成为全球唯一一家市值破万亿美元的企业，但却在短短几个月，市值蒸发了 1/3，以往的辉煌不再。所以，任正非认为华为也会与其他企业一样，时刻面临倒下的危险。事实上，任正非一直以来都心怀危机意识。

2001 年，国内电信运营商市场风光不再，3G 市场前景又尚不明朗，互联网的巨大泡沫破裂，一批又一批互联网企业倒闭。2008 年，倒闭潮来袭，数万家企业倒闭，互联网更是进入了严寒时期。

2010 年冬天，全球金融危机寒流过后，国内许多企业还未从“冻僵”中苏醒过来，而华为却已经种下了“春天的种子”。这是因为，早在十年前，即 2001 年，任正非在一篇题为《华为的冬天》中这样写道：“现在是春天吧，但冬天已经不远了，我们在春天与夏天要念着冬天的问题。IT 企业的冬天对别的公司来说不一定是冬天，而对华为可能是冬天。华为的冬天可能来得更冷，更冷一些。”这已经警醒了华为，提前给华为打了预防针。

面对危险境地，华为为了度过“冬天”期，为了让自身能够得以继续存活，正在做“过冬”准备。然而，解决平安“过冬”的最好“粮草”就是现金流。经过 33 年来的发展，华为总是能在不同的市场环境中选择更加适合自己的获取现金流的方式。

2001 年，华为“过冬”的时候，把旗下的安生电器卖给了爱默生，换来了 7.5 亿美元，并承诺收购后将进一步加强华为电气对中国客户的服务支持、技术支持和产品支持，承担华为电气既有的债权债务；2005 年“冬天”，华为将华为在 3Com 中的 49% 股权出售给 3Com，换来了 8.82 亿美元。正是因为有利润增长和有完整的现金流，才能保证华为能在整个“冬天”都有粮草御寒，同时也是因此，使华为在经历互联网产业泡沫破裂、全球金融危机等一个个“冬天”之后，能快速迎来它的“春天”。

如今的华为已经迎来了它的“春天”，这是任正非：“我们趁着冬天，养精蓄锐，加强内部的改造，我们和日本企业一道度过这个严冬。我们定会迎来残雪消融，溪流淙淙，华为的春天也一定会来临。创业难，守成难，知难不难。高科技企业以往的成功，往往是失败之母，在这瞬息万变的信息社会，唯有惶者才能生存。”这句话是最好的证明。任正非和华为就这样在危机感和“过冬”的提前预警中，不无艰辛却一路顺风地走到了今天。正是因为这种危机感，才使得华为能够成功；正是因为这种危机感，才使得任正非能够保全华为，成就华为，这其实也是一种智慧。

自然变换有节气，经济发展有周期，这是人类必须要学会适应的自然规律。在经济进入“冬天”时，企业就应当像华为那样学会“过冬”。任何时候，都要有点危机意识，这样即便“冬天”来临，也能做好万全准备迎接“冬天”的到来，才能保证企业在“严寒过境”之后减少被“冻伤”的概率，快速恢复“春天”的生机盎然。

每天都要思考失败

相信绝大多数企业，每天都在思考如何能够取得成功，但很少有企业去整日思考失败。因为成功是任何一个企业所向往的，但在思考如何成功的同时，更应当去思考失败。

如果眼睛总是盯着李嘉诚、比尔·盖茨的成功，微信里每天都在看名人语录，是不会有机会成功的。成功有很多原因，但成功往往是不可复制的，而失败恰恰是可以不去重复的，是可以避免的。

作为华为的领导人，任正非和绝大多数企业家相比，其中有一个不同之处在于他能够每天都思考华为未来可能会遭遇失败。不少人认为任正非的这种做法就是杞人忧天，但不可否认的是，未雨绸缪、居安思危总比临时抱佛脚管用很多。

33 年来，华为在“狼性文化”的指引下飞速发展，如今华为已经站在了世界的前沿，但任正非从来都没有懈怠过、放松过，他强调事业发展中要时刻存有危机意识，每天都在思考失败。

2001 年，国际高科技企业哀鸿遍野，集体进入“寒冬”期，任正非却能够以充足的“粮草”抵御“严寒”，并成为全国电子百强企业。任正非发表的《华为的冬天》中就这样讲道：“我天天思考的都是失败，对成功视而不见，也没有什么荣誉感、自豪感，而是危机感。失败这一天一定会到来，大家要准备迎接，这是我从不动摇的看法，这是历史规律。”并且认为：“华为存在的问题不知要多少日日夜夜才能数的清楚……华为的冬天真的到了，各种机制、管理等正面临危机，已经到了不得不调整、改革的地步。”

正是这种强烈的“忧患意识”，逼迫任正非不断思考，如何在危机来临的时刻能够最大限度地减小对华为的伤害。因此，任正非在带领华为向前迈进的过程中，时刻把握华为的发展方向，并对华为的各项管理制度进行优化。

1996 年，华为起草“华为基本法”，其中有两条原则在外人看来简直就是惊世骇俗：一是实行员工持股制度，而作为企业创始人，任正非大量稀释了自己的股份；二是在技术上近乎偏执地持续投入，任正非坚持将每年销售收入的 10% 用于科技研发，这在中国著名企业中是一个无人可及、无人敢及的高比例。

1998 年初，华为内部管理混乱，华为又花费数十亿美元，将 IBM 作为学习榜样，建立了中国企业中比较健全和完善的现代管理体制。面对初期员工的不适应，任正非提出了“先僵化、后优化、再固化”的指导思想。

任正非一直都在思考华为的发展，各种场合发表的观点、讲话、回忆纪谈等累计超过数百万字，除了《华为的冬天》，还出版了《下一个倒下的会不会是华为》。

任正非每年会参加一个全球分析师大会，在 2014 年的全球分析师大会上，有一位来自英国的分析师问任正非：希望任总能够展望下 20 年后的华为会是什么样的状况。任正非不假思索地回答道：“20 年后，华为将是一片坟墓，或许十年后华为这家公司就有可能已经不存在了。”

从这简短的回答中，可以看出华为的高层也都非常具有危机和忧患意识，并且这种意识已经融入了骨子里。

现如今，华为已经在全球移动通信领域成长为巨头企业，但我们仍然从华为上下看不到一丝骄傲的影子。相反，我们看到的却是一个对科技创新锐意进取的勇攀高峰的企业。任正非经常在华为内部提到：华为已经进入了一个无人区，前面有可能是万丈深渊，稍有不慎就会跌进去，陷入万劫不复之地。

我们可以看到，在过去的2018年，华为有很多值得骄傲的地方，但华为并没有因此而感到骄傲，也没有沉浸在胜利带来的喜悦当中。每个华为人都深知，与高通、苹果、三星等科技巨头相比华为还有一定的差距。

2019年，华为虽然手机在全球的销量远超苹果，并在5G技术方面已经在全球处于领先地位，但华为依然保持如履薄冰、如临深渊、战战兢兢的危机意识，迎接未来5G时代即将面临的一切可能出现的挑战。

第十二章 学习
——加强学习才能赢得未来

俗话说:“日异其能，岁增其智。”我们当前处于一个知识创新的时代，每个人都要有学习精神，勤奋善学，不但能提升学识，拓展眼界，而且能够提升我们正确看待世界的价值标准。华为之所以成功，其中一个原因就是华为人才培养的第十二条规则，即学习，只有具备学习精神，不断加强学习，才会经过日积月累，拥有厚积薄发的力量，赢得未来。

向竞争对手学习

孔子说："三人行，必有我师焉。"每个人都有自己的长处，都有值得借鉴的地方。处于市场竞争的企业，同样可以将竞争对手当作自己的"老师"，向他们学习。这不但体现的是一种豁达的气概，更是一种勤奋善学的精神。

华为就是一个善于向竞争对手学习的企业，因为华为认为只有不断向竞争对手学习，才能持续提高企业的核心竞争力，只有提高核心竞争力，才能在技术日新月异、竞争日益激烈的时代中生存下去。

任正非也经常在开会时强调：华为远不如摩托罗拉、诺基亚、思科、微软、苹果、谷歌、亚马逊那样有国际竞争经验，所以华为更应向竞争对手学习，把他们作为自己的老师。

人们常说"真正决定高度的是态度"，任正非在对待竞争对手的问题上，从来不是用狭隘的态度去对待，而是心怀包容，认为只要是好的、是值得华为借鉴和学习的，华为都应当放下竞争对手"分外眼红"的心理，主动向竞争对手学习，学习他们的优点和长处，来弥补自身的不足和缺陷。

在任正非看来，只要有值得学习的地方，只要是对华为的成长有帮助，就应该主动学习，充分了解竞争对手，对自己的发展将非常有利，可以做到知己知彼。

爱立信多年来一直是华为的竞争对手，阿尔卡特和朗讯合作打造了“阿尔卡特—朗讯”公司；诺基亚和西门子组成了“诺基亚—西门子”公司，它们都是华为成长道路上遇到的劲敌。但华为仍然愿意向这些竞争对手学习。对于竞争对手，任正非表示：“我们应当尊重他们、学习他们，批判地继承他们。”只有将竞争对手好的东西拿来学习成为自己的，才有希望追赶上他们。

然而，美国可以算作是华为最大的竞争对手。一直以来，美国的苹果、亚马逊都是华为的强劲竞争对手。尤其是2018年年底开始到现在，华为公司受到了来自美国的不公平待遇，美国抵制华为的手段可以说无所不用其极。先是禁止华为进入美国市场，后是拉拢其他国家一起抵制华为的通信设备产品，干扰华为的正常经营。

但即便处于如此境地，华为还是依旧愿意放低姿态，保持谦和的态度向苹果和亚马逊学习。因为，只要是市场中强大的竞争对手，它们能够走到今天，并且位居前列，必定有其与众不同的优点、经验值得人们学习。想要战胜美国，就先要学习它们的与众不同和伟大之处。像美国的谷歌和亚马逊都是现阶段技术实力雄厚的跨国公司，具有先进的制度、灵活的机制、清晰的财产权等，这些都是使得其能够强大的重要保障。

2019年，华为已经做好了5G正式商用的准备，作为世界第一大通信设备制造商，华为在5G方面的实力让全球都瞠目结舌。但即便如此，华为也并不是没有缺陷。相反目前还面临诸多问题，核心问题是华为能否保护客户隐私。在这个问题上，任正非表示，华为始终“坚持以客户为中心，永远不会做任何对顾客有害的事情”。并且还说：“我认为苹果为我们树立了榜样，我们将向苹果学习。当我们面临侵犯客户利益的情况时，我们宁愿关闭公司，也不愿被利益驱使去做不该做的事情。”这句话不但彰显了一个企业家的良知，而且也证明华为是一个不折不扣的乐于向竞争对手学习的企业。这一点是非常让人钦佩的。

华为从不低估敌人，也十分善于向竞争对手学习，这是华为能够存活下来，并保持持续发展的重要原因之一。在这种学习心态下，华为必将走向更加美好的明天。

注重学习和自我提升

人们常说：“活到老，学到老。”学习知识的路上永远没有“停歇”二字。只有注重学习，不断提升自我，才能提高一个人的精神境界，让一个人不仅能知兴替、明大义、辨是非、别得失，更能让一个人陶冶情操、开阔眼界、增长知识。

然而，对于一个企业来讲，也应当全员坚持学习，吸取别人的成功经验、用别人的智慧来填补自己的大脑。

华为的领袖任正非非常注重员工的学习。有一次，在华为内部发表讲话时，任正非说：“以后我们的董事会就用英语进行，我 58 岁了还在学英语，你们就自己看着办吧！”任正非的言外之意就是，一个公司要想在国际化道路上不被淘汰，外语能力是每个员工必不可少的录用前提。

当年任正非学习条件有限，英语落下一大截。所以，在后来华为准备进军国际市场时，任正非发现由于自己的沟通能力不行，使得公司在对外扩张的过程中吃了很多亏，失去了很多投资机会。

为了在日后不再吃这样的亏，任正非非常注意提升自身知识文化水平。他非常喜欢阅读，涉猎十分广泛，包括政治、经济、社会、人文、文艺等，几乎每一个领域都囊括在内。甚至出差航行的时间也不放过，都拿来学习。任正非的这种狂热学习精神让人感到震惊。然而，这一切都源于任正非对学习的重要性的理解和体会。所以他在对待子女的教育以及华为全员时，更是不遗余力。

任正非的长女孟晚舟，是福布斯排行榜中杰出的商界女性代表，在华为担任副董事、首席财务官。在孟晚舟小的时候，任正非为了让女儿能够受到很好的启蒙教育，毅然放弃了部队安排的工作，南下深圳。长大后，孟晚舟没有辜负父亲的期望，进入华为之后，并没有享受任何特殊待遇，而是从一名基层员工做起，一步步成长到如今的首席财务官。她还主导了华为 IFS 集成账务体系的建立，并且全部是原汁原味的英文流程与文献，带领华为迎来了国际化变革。

如今，人工智能的脚步离我们越来越近。据预测，到 21 世纪下半叶，人工智能将会取代 70% 以上的人工工作，不断压缩人类的就业空间。作为一个企业，要想占领人工智能的制高点，而不是成为其牺牲品，就必须能够了解人工智能的运行。然而，人工智能作为计算机的一个分支，其融入了指纹、人脸识别、智能搜索与控制、自然语言处理、遗传算法等，而这些领域主要是通过编程算法实现的，在操作过程中采用的语言全部是英文。

华为作为一家科技型企业，自然也是要与人工智能接轨的，手机、笔记本等设备的生产也都会逐渐走向人工智能化。如果华为员工无法掌握英文，就只能成为这场智能革命中的淘汰者，甚至在信息获取和交换过程中，不懂一门全球通用语言，日常生活也会受阻。

面对全球的这种人工智能化发展趋势，任正非向员工十分严肃地说道："你的英文不好，做工人的机会都不存在。"任正非这句话一针见血，并不是对员工的恐吓，而是对员工的警醒，让员工提高对学习的重视性，并以此提升自己的学识和能力。

任正非经常督促身边的人学习，还经常给高管推荐一些非常有价值的书籍，大家也自然不敢懈怠，生怕哪一天真的被这个快速发展和变化的时代所淘汰。

正是因为这种重视知识、不断提升自我的学习精神，使得每一个华为人都能坚定不移地学习，更使得华为能在短时间内就超过竞争对手，成为行业内的领导者。有一家国外公司的生产部门经理到华为考察后，惊人地发现华为人的求知欲很强，强到让人肃然起敬。他回去后，向他的高层说：华为对自己所在的企业来说是一个真正的对手和威胁，这不仅是因为华为的员工比自己所在企业的员工更加努力和聪敏，更重要的是他们一直都走在不断进步的路上。

知识是进步的阶梯，不学习就会落后。华为人的这种对知识的执着、疯狂追求，让人肃然起敬的同时也让人望而生畏。这样一个重视学习精神的企业，一直都在学习中寻求进步，因此，华为在紧跟时代步伐的基础上提升了自己的实力，同时也确保了自身成为潮流的引导者。

用最优秀的人培养更优秀的人

时代在不断变化中逐渐进步，科技在其中起到了巨大的推动作用，尤其是即将进入商用阶段的5G技术，以及人工智能的应用，这些前沿技术将会给未来人类社会带来翻天覆地的变化，至少是生产方式，特别是工业。而这些巨大的进步还需要通过教育和学习来实现。

华为是一个非常崇尚学习、具有学习精神的企业，在华为自上而下的每个人都将学习看得很重。

任正非曾经表示："我们国家百年振兴中国梦的基础在教育，教育的基础在老师。教育要瞄准未来。未来社会是一个智能社会，不是以一般劳动力为中心的社会，没有文化不能驾驭。若这个时期发生资本大规模雇用'智能机器人'，两极分化会更严重。这时，有可能西方制造业重回低成本，产业将转移回西方，我们将空心化。即使我们实现生产、服务过程智能化，需要的也是高级技师、专家、现代农民……因此，我们要争夺这个机会，就要大规模地培养人才。

今天的孩子，就是二三十年后冲锋的博士、硕士、专家、技师、技工、现代农民……因此，发展技术的唯一出路在教育，也只有教育。我们要更多关心农村老师与孩子。让老师成为最光荣的职业，成为优秀青年的向往，用最优秀的人去培养更优秀的人。"

在任正非看来，华为人才基础薄弱，更需要将人才培养放于首位，加强员工对职业技术的学习和培训，才能保证将人才的优势发挥到极致，才能保证企业能够永存。

华为每年除了对科研项目、客户服务等方面给予巨大的资金投入以外，还将人才的培养作为一个重要的投资方向。从华为的“人才战略”上就能看出华为对人才增值的重视程度。“华为基本法”指出，华为以“自由雇佣”的形式招聘具有创造性价值的人才，通过“人才培训”的方式培养适合华为发展的优秀人才，不断激励华为人去创造更好的华为品牌。

为此，华为开始自己的“囤才”计划，每年从全国重点院校招聘优秀毕业生，虽然他们没有任何工作经验和实践能力，但华为看重的却是他们的潜力，认为他们都是“潜力股”，只要通过最优秀的人培训他们，让他们通过学习不断提升自我，终将能达到华为的要求，成为更优秀的人，为华为创造惊人的财富。

为此，华为还专门成立了“华为大学”，并且提出来一个口号是“要把华为打造成一个学习型组织”。进入“华为大学”的学员都是接受过正规教育的，他们是来自于正规院校培养的大学生、硕士、博士，“华为大学”的本质是对那些接受过正规教育的人进行再教育，再教育与职能有关，而不再与正规院校学习的基础有关。华为希望这些学员能够通过学习获得专业作战能力，学会掌握去奋斗的办法，希望能培养出一批对抢占战略机会点做出贡献的优秀人才。

早期，华为的培训工作主要追求体系化建设，比如要针对不同岗位和部门，建设比较完整的培训体系，包括学习地图等。但是随着华为的不断发展，华为业务范围的不断扩大，发现这样追求大而全的做法其实是行不通的，在具体落地的时候会面临一系列问题。所以“华为大学”就将培训工作转向聚焦在关键岗位和关键人群的策略方面。

华为需要什么样的人才，“华为大学”就专门培养什么样的人才，如果没有这方面的老师，华为会不遗余力、不惜代价去找。为了将培训工作落实到每一个华为人身上，在人力资源方面的投资，华为可谓是大手笔。据不完全统计，华为每年在员工培训上的支出就高达上亿元。可见华为对员工培训的付出是非常巨大的。

“华为大学”集一流的教师团队、一流的技术、一流的教学设备和环境为一体，拥有专、兼职培训教师千余名，拥有三四十个核心教授。培训中心还拥有三星级学员宿舍、餐厅、健身房等生活、娱乐、体育设施，为华为培训的学员提供更加舒适的学习、生活条件。在教学方式上，有现场教学、视频培训、音频培训等教学手段，为员工提供课堂教学、案例教学、上机操作、工程维护实习和网络教学等。这样庞大的师资队伍，这样良好的培训环境，这样先进的培训方式，岂能不造就出更加优秀的华为人？

“华为大学”为每一个华为人的成长和能力的提升提供了一个很好的平台。在这里，华为所做的一切都是为了给华为注入新鲜的理念、技术和方法，为了让华为员工能够快速适应时代的发展，并推动华为快速走向国际化道路。

如今，华为已经通过这种人才培训的方式，使华为的每一位员工都成了其需要的“更加优秀”的员工。只有人才越来越出色，华为才会出现新机遇，才能有机会跑到世界的前列。

华为没有成功，只是在成长

作为行业的龙头企业，华为一直是很多国人心目中的骄傲，不论是领导人任正非的领导风采，还是世界一流的通信设备供应商，这都是全球很多企业所无法企及的。

2019 年，华为凭借着在智能手机、5G 网络、通信服务等方面的不错表现，凭借 622.78 亿美元的品牌价值，在 2019 年度全球品牌价值 500 强中名列第 12 名。2018 年，华为凭借 380.46 亿美元的品牌价值位列榜单第 25 名，而在 2019 年提升了 13 位，品牌价值增长 63.7%。2020 年，华为在全球品牌价值 500 强中名列第七位。

要知道，每年发布的“全球品牌价值 500 强”是全球唯一被国际标准委员会 ISO 认证的榜单。该榜单主要是对品牌知名度、用户忠诚度、员工满意度，以及企业声誉等多个指标进行综合考量，再加上该榜单中的企业都是全球实力响当当的企业，所以该榜单意义非凡，其含金量也是可想而知的。

华为仅仅在一年的时间里就能提升 13 位，相信这是全球其他企业所做不到的，也为国内同行企业做了一个很好的表率。而这 13 位的提升中，却饱含了华为在这一年里的成长和成功。

然而，在华为的逻辑里，只有成长，没有成功。为此，任正非说过这样一句话："什么叫成功？是像日本那些企业那样，历经九死一生还能好好地活着，这才是真正的成功。华为没有成功，只是在成长。"此外，任正非还认为："华为才发展了几十年，绝不能算作成功，能够长期持续地存活，成就百年基业，也许才是成功。"在任正非看来，华为现在无论发展成什么样子，都只是成长过程中取得的一个小成就，而这并不能算是真正的成功。只有能够持续存活百年，才能算是成功。在成功的路上，华为只有不断学习，才能获得更多成长的机会，才能离成功越来越近。

华为创办早期，任正非认为华为成立的时间短，缺乏足够的经验，要想获得成功，就要从那些成功企业身上汲取更加丰富的经验和方法，为己所用。所以，华为先后组织了多次考察队伍，到日本、美国、欧洲各国的大型企业学习，向美国学习先进技术，向日本学习优良管理经验，向德国学习一丝不苟的做事态度。如今，华为学习海底捞、学习顺丰快递，任正非还让所有的高管去海底捞免费吃顿饭。通过学习，华为从中发现了自身的优势和劣势，并以学习和借鉴的方式来提升自己进步的空间。

除此以外，任正非作为华为的领导人，做任何事情都以身作则，起带头和表率作用，在学习问题上同样如此。即便每天工作量很大，任正非也依然坚持每周阅读一两本书，每天要看一会儿新闻。这样的习惯，任正非一直保持着，从未间断过。

另外，任正非还经常向人请教，帮助自己答疑解惑，无论对方是谁，只要能对解答他的疑问有所帮助，任正非都会大胆、虚心向其求教。为了更好地管理公司，任正非还专门从中国人民大学、浙江大学聘请了几位知名教授来华为担当管理顾问。并且还将管理顾问的办公室安排在他办公室隔壁，这样离得很近，以便任正非一有问题就能跑到隔壁办公室请教，在最短的时间内求得答案。

如今，在任正非的带动下，每个华为人都将学习作为日常工作之一。华为的中高级干部，以及所有员工，都会自觉在业余时间学习，相互切磋，展开有关问题讨论，并开展相关报告会。在华为，每个有心在华为工作的人，都会努力认真去学习，努力学好自己的专业、学好技术、学好业务、学习文化、学习管理……华为内部出现全民学习的壮观景象，一切都是为了在华为不断成长的道路上，能够少走弯路，少交学费，向成功更靠近一步。

30 多年了，华为一直都在向优秀的企业学习，一直都鼓励全员养成主动学习的好习惯，华为的这种学习精神从未丢。因为每一个华为人都知道，华为没什么背景、没什么依靠，也没什么资源，唯有在工作中不断学习别人的先进思想、理念、管理，才能让自己的思维更加开拓，才能获得更多的成长机会。这也正是华为一直都能够获得成长并不断壮大的原因。

第十三章　创新
——求新求异，企业才有生命力

华为自成立至今已经经历了33年的时间，从行业的跟随者一路走来成长为领导者，华为走过的每一步，都是华为成长的见证。华为从技术、服务等方面进行了创新性颠覆，正是因为“创新”，使华为从初创时期的中小型民营企业快速成长、扩张成为全球通信行业的领导者，并正在改变着世界通信产业格局。正是华为在人才培养的过程中始终坚持的第十三条规则创新使华为始终保持着这种求新求异的创新精神，才使得华为和我国整个通信产业更有生命力。

不创新才是最大的风险

彼得·德鲁克说过："创新精神是企业的灵魂，要变成时代的企业，至少要具备三个条件：前提条件是观念革新，必要条件是创新体系，充分条件是制度创新。一个不能创新和不能持续创新的企业注定是要衰落和灭亡的。"

尤其在当前这个全球化进程不断加速的时代，如果不能很好地依靠科技进步和创新力量，只依赖和模仿他国技术，那么一个国家是很难有所进步，很难享有国家地位的，更难以获得世界的认可。一个国家尚且如此，更何况一个企业。对于一个企业而言，没有创新是很难拥有庞大的客户群、很难积累财富、很难在市场中立足的。

创新是一个过程，企业的发展过程其实就是一个不断创新的过程。华为是国内少有的在创立之初就注重传递创新精神的企业。可以说，不断创新是华为能够快速、稳定、健康发展的保证，更是华为的核心竞争力。为此，任正非曾表示："没有创新，要在高科技行业中生存下去几乎是不可能的。在这个领域，没有喘息的机会，哪怕只落后一点点，就意味着逐渐死亡。"在任正非看来，创新与企业的成长和发展是一个良性循环。早在1998年，任正非就提出"不创新才是最大的风险"的论点。

所以华为的创新体现在企业的方方面面、各个细节之中。

在技术创新方面，华为作为一家通信企业，一直从事通信、智能手机方面的技术研究，而且还在人工智能技术上有所布局。如今，华为在全球通信技术领域中，已经涉及多项技术的研发与创新，包括芯片技术、高端服务器技术、高端存储技术、大容量数据中心、石墨技术、太阳能光伏逆变器技术等。除此以外，华为在移动通信技术方面也跻身世界先进行列，尤其是当前5G技术的研发和应用，已经在全球范围内居领先者地位。这些都是华为多年来的技术创新成果。

在产品创新方面，让人意想不到的是，2019年第一季度，华为在全球的手机销量能够超过苹果。在很多人叹息华为能够以如此神速赶超苹果这样的竞争对手的同时，不得不让人感慨华为的产品创新速度。华为手机在同行业的创新是有目共睹的，除了最新的远距离大变焦拍摄之外，手机的外观设计、快充设计、电池续航、游戏性能、Wi-Fi以及蓝牙等，华为手机都有自己的世界性创新领先之处。因为产品的创新，使得华为手机能够快速引爆市场，并能在全球市场竞争中越战越勇。这也正是华为能够以如此快的速度站稳市场，并成为一个被用户认可的高端手机品牌的原因。

在创新投入方面，华为每年不惜投入大笔资金，将销售额的10%拿出来用作研发经费使用。并且在任正非的正确引导下，华为抓住机遇不断进行创新。华为拥有18万名员工，其中有8万名员工从事研究与研发工作，占了员工总数的45%，是全球各类组织中研发人数最多的企业。自1992年起，华为就划定用于研发的费用比例，任何开销都可以省，但“研发的10%投不下去是要被砍头的”。在如此强硬的政策下，截至2018年年底，华为专利总数达到75987项。在中国企业中，华为发明专利排名第一。

在制度创新方面，华为同样进行了创新，“全员持股”就是华为开辟的一项颠覆性创新制度，这也是华为能够不断创造商业奇迹的根本所在。因为“全员持股”制度能够让每个员工更加有主人翁意识，认为自己辛苦打工完全是在为自己收获美好的未来而付出。这样，每位员工能够更好地全身心投入工作当中，毫无怨言、干劲冲天。这是一种释放生产力的创举。

在决策体制创新方面，华为最大的特色就是“轮值 CEO”。华为的七位副总裁轮流担任 CEO，每半年轮值一次。华为的这种轮值 CEO 制度，在我国传统企业中绝无仅有，是对传统决策体制的一种颠覆性创新。任正非认为：“一个企业领袖，应该是头脑越来越发达、四肢越来越萎缩。脑袋要发达，聚焦于思想和文化。四肢不萎缩，喜欢指手画脚，下面的人就会无所适从。”华为的这种轮值 CEO 制度，能从根本上避免山头问题，而且还使整个企业的决策过程越来越科学化和民主化。

在市场开发创新方面，出身于军人的任正非，带有鲜明的军人特色，他将市场开发制定了一个“一点两面三三制”政策。用军队作战的方式来解释，就是尖刀队先在前面撕开口子，两翼部队蜂拥而上，把这个口子从两边快速拉开，然后“华尔街就是你的了”。此外，华为还有“重装旅”，还是用军队作战的方式来解释，就是当一线营销人员发现机会后，立刻将其报告给公司，公司总部马上成立商务、技术等专家组成的小组（重装旅）快速奔赴前线。

在营销模式创新方面，华为将“以客户为中心”作为营销的核心思维，任何产品和服务都要贴近客户去做。用任正非的一句话说，就是：

"客户是我们的衣食父母，你们的工资和各项福利不是我给的，而是客户给的，客户才是你们真正的老板。"华为的这种"以客户为中心"的营销模式，是对传统营销模式的颠覆，也正是因为这种营销模式，才使得华为能够形成强效竞争力，拉近与客户之间的距离，赢得客户的芳心，并一举改变了西方企业独霸市场的格局。

创新本来就有可能成功，也有可能失败，虽说创新有风险，但不创新才是最大的风险。因为固守成规固然很容易，但更容易让企业失去更大的机会。如果华为一直做一个默默无闻的追随者，跟在别人后面，长期处于二三流水平，那么华为将没有任何优势和能力与那些已然成为国际型的大公司相抗衡，也无法获得活下去的权利，更不会有如今在国际领先地位上的辉煌成绩。

真正的创新必须到实践中去

一个企业不能没有创新，然而创新也并不是盲目创新或者为了创新而创新，如果创新的产品和技术等不能与实践相结合，这样的创新就是不切实际的创新。真正的创新必须到实践中去，因为实践为创新提供了坚实的基础，在实践中才能找到创新的源泉。

华为一直以来都走在创新的路上。欧洲有一家通信制造商的高管有一次说道：过去 20 多年，全球通信行业的最大事件就是华为的意外崛起，华为以价格和技术的破坏性创新，彻底颠覆了通信产业的传统格局，而让世界绝大多数普通人都能享受到低价优质的信息服务，可见华为的创新给整个通信产业的发展带来了十分巨大的影响。

的确，华为从一个倒卖设备的“二道贩子”公司，成长为如今的国际型知名企业，这不仅是华为全员努力奋斗的结果，还是华为不断创新的成果。华为的创新理念是紧紧抓住市场需求、客户需求。

回顾那些巨头们如何从辉煌走向衰落，我们发现它们大多都是崇拜资本至上。摩托罗拉可以说是一家非常具有创新精神的企业，摩托罗拉的创始人老高尔文和他的儿子小高尔文，他们多年前提出的企业愿景是，摩托罗拉是一家不以赚钱为目的的公司，实现顾客梦想代表着摩托罗拉的企业使命。

然而，20 世纪末、21 世纪初，整个时代人们将目光聚焦于 IT 与资本，摩托罗拉开始走向技术崇拜，而将客户需求抛之脑后，盲目投资 50 亿美元搞所谓的“高大上”的“铱星计划”，这使得灾难从此降临到摩托罗拉身上。由于技术投资失败，摩托罗拉一步步走向溃败，也逐渐成了一个“被忘记的伟大的符号”。

华为曾经也是一家以技术为导向的公司，华为早期在技术英雄们的奋斗和贡献下，创造了让华为“活下去”的重要产品，如 C&C08 万门程控交换机，使得华为拥有了进入通信技术领域的“入场券”，也使得华为从此拥有了在通信技术市场竞争的“撒手锏”。但彼时的华为在创新战略上属于摸着石头过河，虽然技术创新上取得了成功，却也因为追求技术上的完美而失去了商机。这对于华为来讲，是一个非常惨重的代价。在痛定思痛之后，华为的整体战略方向开始从“以技术为导向”转向为“以客户为导向”，打造一个以客户需求为中心，前端是客户，末端也是客户的端到端的流程。换句话说，就是创新的产品和技术要围绕客户的实际需求进行，要具有实用性，能够迎合市场、融入市场，受客户欢迎，要能够运用于实践当中，能够接受得住实践的考验。

华为投入了最大的创新力量，但华为反对盲目创新，反对为创新而创新，华为推动的是有价值的创新。

二十年前，任正非就在内部讲话时对研发人员讲："你们要做工程师商人。"任正非这里所说的"工程师商人"就是技术工程师和商人的结合。工程师商人不但要有很好的技术能力、创新能力，而且还需要能够掌握商业运营，其难点主要在于如何成为商人。

自古以来，"商人"这个词就是指那些能够"变贵贱、调余缺、度远近"的人，即能够通过不同地域的有余和不足进行有效调控，能够将南方的东西运到北方并以高价出售，在满足人们需求的同时能够自己获利。这里的商人，很明显包含了两个方面的要点：一是对市场行情有敏锐把握的能力；二是具备能够满足人们需求的能力。

任正非口中的"工程师商人"即是能够实现生产技术商业化、研发创新商业化的人。拥有一批这样的人才，就可以确保华为的创新能够迎合市场需求，能够收获实实在在的市场效益。

《易经·系辞》中有这样一句话："举而措之天下之民，谓之事业。"意思是，一个人所做的事情对天下人都有利，才能算事业。华为的这群工程师商人在任正非的带领下进行的创新，从社会的真实需求中来，到真正满足人们需求中去，他们做到了这两点，同样也是在做事业。

如今，在很多企业追逐技术创新和商业利益的大环境下，华为能够依然坚持以客户为导向，不断为客户的需求进行技术和产品创新，能够依然坚持以满足客户真实需求为目标，这既是华为工程师商人的群体事业，也是华为的一份使命。

变革不搞激进主义

一个企业，要想保持竞争优势，要想提升自己的市场地位，那么首先就要拥有强大的创新能力，要有非常完善的创新机制，只有在技术和管理上不断创新，不断改进和提升，才能有机会做到与时俱进，才有机会在这个快节奏时代始终保持不落下风。

从某种程度上讲，改革和创新就代表了最先进的生产力，代表了一个企业前进的动力。华为公司作为一家创新型企业，十分善于在创新和改革中求取进步。多年来，无论在技术研发上还是在人才培养上都有明确的创新要求和创新成果。

企业变革本身就指改变旧制度、旧事物，推陈出新，通过制定更加准确的政策和管理方法，为整个企业的快速发展提供全方位的保障。

华为在变革方面，从来不搞激进主义。长久以来，很多人认为任正非是强势、专断的，在手段上也是比较激进的。而实际上，在整个公司运行的过程中，任正非一直主张进取而不盲动，稳健而不保守。对此，任正非强调：我不是一个激进主义者，而是一个改良主义者，主张一点点地改，主张不断地进步，不主张大刀阔斧地改革。在任正非看来，变革不能搞激进主义，不能急于求成，那样很可能会带来适得其反的效果，反而不利于华为员工安心工作，不利于华为长远的发展。相反，应当不断改进，慢慢修正，通过这样的方式，才能让华为在技术和管理等方面的变革润物细无声地被每个员工所接受，达到最佳的变革效果。

的确，很多企业认识到变革能够为企业带来活力和生命力，是对以往旧的管理方式和技术进行的一种颠覆性创新，所以很多时候他们的变革未经过深思熟虑，就开始轰轰烈烈地进行，虽然看上去给人一种很有气魄的感觉，但实际上是因为没有注意实际情况而投入巨大的人力、物力、财力的盲目变革，也因此不能产生理想的变革效果，甚至会被激进的大变革给拖垮。近年来，有一大批科技公司毁于这种激进的创新。

IBM 就是一个最好的例子。自人工智能被提出来之后，各个科技创新企业都希望自己能够率先打造出 AI 项目，并通过商用快速占领市场份额。IBM 就是其中一家，它希望通过自我变革逐渐与市场发展方向接轨，能够率先领跑 AI 行业。2011 年，IBM 的认知计算系统 Watson 横空出世，并且在问答节目中首次击败了人类。随后 Watson 身价大涨，成了 IBM 乃至全部 AI 项目的代表。那时候的 AI 没有 DeepMind，没有智能音箱，没有深度学习框架——只有 Watson，一个新时代似乎就要开始了。IBM 似乎相信万能的解答体系真的可以进入商业化阶段，并为之进行了海量的技术与团队收购，最终在 2014 年建成了 Watson 业务部，Watson 背后的技术体系被科学家命名为“认知计算”，并认为其可以从复杂的非机构化数据中找到事物背后的规律和真相。于是 Watson 成了世界瞩目的 AI 项目。2015 年，IBM 许下豪言：Watson 将惠及十亿人，能够解决诊断和治疗 80% 的癌症。然而那些购买了 Watson 的医疗机构却发现，这套系统的作用只是帮助研究，并不能起到真正的诊断和治理癌症的作用。于是很多医疗机构宣布退出与IBM的合作，Watson的真实服务能力也被打上了问号。再加上Watson成本较高的原因，使得Watson成了漂亮却没有实用性，进而失去青睐的“花拳绣腿”。

任正非对IBM的这种激进的变革做法有很大的感触，而且一直以来，他对于创新和变革也始终是一种欢迎而绝不狂热的态度。他喜欢一些具有影响力的事物，但更希望通过循序渐进的方式来实现。

以华为早前最为著名的“辞职运动”为例，为了解决市场新老员工交替的问题，任正非发动了员工“辞职运动”。在1996年的大辞职运动中，虽然任正非换掉了市场部大部分管理干部，但这并没有让所有员工产生抵触情绪，因为任正非让他们全部“归零”，竞争上岗，这样既能保全员工的面子，又能让那些有能力的员工通过公平竞争进入管理层。

华为的这种“归零”之后再竞争上岗的方式，不但为企业注入了新鲜活力，而且能够减少变革对那些被淘汰老员工的伤害，便于被淘汰员工能够心服口服地接受事实，有效避免了企业的动荡。在这个优胜劣汰的时代，企业要想通过一定的变革达到优质员工晋升、能力平平员工淘汰出局的目的，不能通过突然全盘否定或全盘肯定的方式来实现，只有在保持高度协调和稳定基础上进行的变革，才能顺利开展，并达到理想效果。

所有的企业，进行创新和变革的目的，都是能够提升自身竞争力，在市场中更好地存活。华为正是因为本着这种变革不搞激进主义的思想和理念，才使自身能够更好地存活和发展。这是华为的一项创新之道。

鼓励创新就要包容失败

任何科研都不可能是一次性成功的，在进行科研的过程中，风险是必然存在的，因此在进行创新的时候，也要能够包容失败。

这一点其实对于很多企业来讲，似乎是一个悖论。他们希望自己花费巨资吸引来的科学家、技术专家能够在科研上搞出一番成绩，但却很少有耐心、有包容心等待他们在一次失败后再来一次，甚至更多次。要知道，搞科研、搞创新，本来其中就带有很多不确定性，很难在短时间内就能出成绩、出效益，对于那些急于求成的企业，一批科研人才没能带来理想的科研效果，就换另一批，这样不但没有收获任何技术成果，还影响了科研进程，往往得不偿失。

在华为，这样的情况却大不相同。华为对于创新，一直都是一种开放、包容、鼓励试错的态度。任正非在华为内部会议上表示："我们对未来的探索，要宽容。""我们要宽容创新、宽容失败。创造的同义词是失败，失败可能更多，但只有这样才会有创新。"任正非对于创新给出的定义是这样的："所谓允许创新，还要提倡功过相抵，允许犯错误，允许在资源配置上有一定的灵活性，给其创新空间。不允许功过相抵，就没有人敢犯错误，就没有人敢去冒险，创新就成了一句空话。"可见，任正非在创新与包容失败的问题上有着十分坚定的态度。

华为鼓励员工放手去做，在研究上允许员工犯错，让员工有充足的时间和空间安心去进行创新。华为的一位高管这样说道："在华为，所有'坐在第一排的人'都犯过无数错误，领导力、创新力都是用钱砸出来的。"当年，华为的芯片研发部门曾经以非常确定的口吻，表示"一次投片成功"。但任正非却说："一次投片成功的说法是反动的，这个世界上没有神仙。"在任正非看来，没有创新能够一次取得成功。要知道，每投片一次的成本大约在几百万美元。华为能够允许这样的错误尝试，敢于鼓励勇于犯错的创新精神，是很多企业都没有的。

任正非本人是非常鼓励创新的，但也非常乐观地接纳创新失败，因为他觉得，如果一旦失败或者犯错，就被淘汰或者贴上失败的标签，就不会有人敢去创新。所以，华为会包容创新上的失败，不会因为失败而否定每一个人，这也是很少企业领导人能够做到的。

正是由于华为和任正非的这种对于创新失败的包容，才使得华为汇聚和沉淀了来自五湖四海的杰出人才。

从华为对创新失败的包容态度我们能看到，一个企业是否具备创新土壤，很大程度上在于对试错的态度。允许试错，包容失败，是一个企业成功的前提。错误也是一种经验，因为经验和教训是最好的老师，可以帮助人们在创新的路上与成功越来越接近。

失败并不可怕，一个经常失败的人肯定会比一个从不失败的人强，因为他更加勇于创新，勇于做自我突破。所以，在创新的路上，华为对失败表现出强烈的包容态度。华为既鼓励创新、表扬先进，也允许试错、宽容失败，因此营造出一个浓郁的创新氛围，能更好地激励员工勇于开拓创新，积极进取。

虽然说少犯错误、不犯错误是企业最理想的选择。但往往因为害怕犯错，却克制了研发人员的“脑洞大开”，抑制了科研人员的奇思妙想。这样企业在科研创新的路上只能中规中矩的研发，永远不会有什么出彩的、标新立异的、有价值的创新。

如今，华为的这种允许试错，包容失败的态度，为华为能够走向国际市场构筑了一项重要的软实力。同时也为华为培养出了一大批高级管理者，他们在各个领域都能独当一面，替华为打得更多粮食。

在不断壮大的这三十多年里，华为在创新研发方面累计投入的费用将近 5000 亿元，但产品研究成功率不超过 50%，每年有几十亿美元被浪费掉了。科学研究没有浪费，就不可能有所成功。对华为来说，这种投入，可以构建华为未来的竞争力。

第十四章　“灰度”
——一种打破边界的智慧

现实生活中，我们会发现，很多事物不是非黑即白，不是非对即错；现实中的人也不是非善即恶，非敌即友。很多时候，黑与白、对与错、善与恶、敌与友之间是可以随时转化的，这就是一种灰度哲学。华为的企业管理正是充分运用了灰度这一领导艺术，华为的人才培养的第十四条也正是遵循了灰度这一规则，才使华为能够在适当的时候将灰度哲学运用得恰如其分，发挥得淋漓尽致，帮助企业在黑暗中寻找光明。

是非之间，要有宽容和妥协

很多人喜欢将事物看作好坏两个面，将人以善恶之分，似乎世界的任何事物和人只可以用两类去区分。然而，在黑与白、好与坏、善与恶之间还有一个常常被人们所忽略的区域，叫灰度区域。

古人徐达的灰度思维是非常值得一提的。明太祖朱元璋疑心很重，平定江山之后，害怕开国功臣对他的天下构成威胁，所以明朝的开国元勋无一幸免。徐达在为朱元璋平定江山的路上立下了汗马功劳，朱元璋对徐达却更是不放心，总想找机会将其除掉。一天，朱元璋找徐达下棋。但朱元璋棋艺平平，不是徐达的对手。所以，徐达赢了就是犯上，输了就是欺君。换句话说徐达无论输赢都是一死。徐达处在这种非黑即白的处境当中，更重要的是，无论黑白，结果都一样。但最后，徐达还是下赢了，朱元璋雷霆大怒，觉得终于找到借口处决徐达了。此时，徐达跪在地上请朱元璋看整盘棋，结果发现徐达用棋子摆出了“万岁”两个字。这样，朱元璋龙颜大悦，徐达也因此逃过了一死。

徐达在和朱元璋下棋的时候，就是用的一种灰度的智慧。虽然下棋输赢结果都是一个死，但徐达却能在棋盘上增加一个要素，让这原本只有黑白两种棋子的棋盘上多了一个灰度，巧妙地化解了自己眼前的危机。

在华为，非常推崇这种“合二为一”的灰度思维，而不是黑白之间势不两立的“一分为二”。灰度理论讲的是在黑白之间要有灰度，在是非之间要有宽容和妥协。所以，在华为是反对“斗争哲学”，崇尚合作精神的。在“华为基本法”中有这样一种句式：“我们既要……也要……”如“我们既要反对经验主义，也要反对教条主义”等，这样的句子处处可见，充满灰度色彩。

1999年以后，华为逐步进入平稳发展期，管理、提高成为华为发展的主旋律。任正非开始在华为营造更细化、更富有人文色彩的管理环境。也正是在这个时候，任正非所提出的“灰度管理”诞生了。

任正非提出的“灰度管理”，实际上就是突破了将一切事物都一分为二的思维，在管理过程中，管理者在看待一个方案、员工时，不能仅从好与坏两个方面单纯进行判断这个方案可行还是不可行，这个员工优秀还是不优秀。无论人还是事情，没有绝对的对与错、好与坏。在这种情况下，管理者应当在这些人与事物之间找到一个能够介于两种评判结果之间的办法，寻找一种妥协的方法，将管理延伸到能够伸缩的缓冲地带，这个地带就是灰色地带。任正非的这种观点，正如他本人所说：“人与人的差异是客观存在的，所谓宽容，本质就是容忍人与人之间的差异。不同性格、不同特长、不同偏好的人能否凝聚在组织目标和愿景的旗帜下，靠的就是管理者的宽容。只有宽容才会团结大多数人与你一起认知方向，只有妥协才会使坚定不移的正确方向减少对抗，只有如此才能达到你的正确目的。”

其实，很多时候，对别人宽容，就是对自己宽容。多一点对别人的宽容和妥协，我们的生命中就多了一点空间。在是与非面前，宽容和妥协体现的是一种坚强，而并非软弱；体现出来的是有计划、有目的地退让，主动权实际上掌握在自己手中。只有宽容，才会很好地团结大多数人与自己的认知方向一致；只有妥协，才能在坚定不移地朝着正确方向行走的路上减少对抗的力量，这样才能既快又好地达到正确目的。

当然，在是非面前，方向是不可以妥协的，原则也是不可妥协的。但是为了实现目标，只要有利于目标的实现，一切都是可以妥协的。当努力的方向清楚了之后，如果此路不通，可以妥协一下，拐个弯，这样总比“不撞南墙不回头”要好得多。

华为对于领导层，提倡对犯错误的干部，要抱着“惩前毖后、治病救人”的思想，而不是对其“一棍子打死”。除此以外，华为还贯彻“坦白从宽”原则，给人改过自新的机会。华为对于犯错误的干部不是是非不分，而华为的这种宽容和妥协也不是无边的。这样张弛有度的管理方法，使得华为公司的战斗力能够发挥到极致。

所以，在是与非、对与错之间，能够采取宽容和妥协的姿态去对待，是一种艺术，也是一种境界，是一个企业的管理者必备的一种素养。宽容和妥协，换来的是双赢甚至是多赢。任何一个企业，能像华为这样保持开放的心态，学会宽容和妥协，才能真正达到灰度的境界，才能够在正确的道路上走得更远，走得更好。

岗位轮换，防止“山头主义”

在企业界流行着这样一种说法：一线紧，二线松，三线肿。言下之意是，工作在一线的基层员工，往往是人手紧，工作忙；处于二线的是承上启下的中层员工，主要起上传下达的作用；而三线的高层管理者，往往数量居多，但工作却极少。这样整个管理层就显得十分臃肿。

一个企业，原本应当是管理层等级越高，应当担任的责任越大，工作就应当越紧张。但不少企业情况却是相反的，一线员工每天忙得天旋地转，而上层管理者却级别越高，工作越轻松。这种“大马拉小车”或者“小马拉大车”的情况，时间一长，企业员工就会进入疲倦期，没有激情四射的原动力，就像公园里的花努力使自己绽放出最美的花朵，但同样的一种花在路边即便自己如何再努力也没有人能欣赏到它的美。

除此以外，那些久居高位的管理者长期固守在一个岗位，就容易在工作中出现怠惰、缺乏活力的情况，并带来思想上的僵化。更重要的是，容易出现高层干部形成小集团利益，出现“山头主义”，认为那个“山头”就是自己的，不让别人插手，还会将下属视为“嫡系”。每个人都有争强好胜的心理，然而事情总是说起来容易做起来难，作为局外人总是认为别人久居高位，但很多时候这没做好、那没做好，如果换作自己一定会比别人做得更好。也有的人认为别人的岗位轻松，而自己却在岗位上忙得不可开交，由此而心生不满。这容易在企业内部引发动荡，给企业的发展带来极大的阻碍。

华为在这种问题的解决上，有一套很好的管理方法——“岗位轮换制”。“岗位轮换制”，即所有岗位的员工每4年轮一次岗，包括他们的轮值CEO。在华为，几乎所有的员工都经历过岗位轮换，中高层领导则岗位轮换的频率更高一些。华为前执行副总裁毛江生在华为任职的13年里，一共经历了8次岗位调换，所跨的部门职位就有8个。华为的中高层管理人员进行岗位轮换是习以为常的事情，很多人都有过数个头衔和职位。在华为，能上能下成为华为干部管理制度的常态，谁上去，谁下来，大家都十分坦然。

华为的岗位轮换制其实就是一个很好的灰度管理策略。在岗位轮换制下，员工能力与职位合理搭配，企业也能够很好地维持均衡状态。

一方面，每个人都有机会在自己想要的岗位上工作，可以很好地发挥自己的想法。当一个人在一个新的岗位上时，一切都是新的开始，不同的工作环境、陌生的团队成员、保持空杯的心态，这些都能让一个人将全身的细胞投入新的岗位中去。通过在不同岗位任职而掌握多种技能，可以培养出适应能力更强的复合型人才，并促进了不同部门之间的业务分享和交流，加强了各部门业务流程环节之间的协调配合，有效提高了员工的工作积极性和主动性，使每位员工为公司做出惊人的贡献和成绩。

另一方面，岗位轮换制可以破除和瓦解那些“山头主义”领导者的“嫡系”关系，让那些有意“占山为王”的领导者失去梦想成真的机会，有效防止了“山头主义”的出现，使得华为的人力资源得到合理配置。这种带有灰度色彩的做法，远比那些罚款、降职等硬性、强制的方法来的更具柔性化，更加有效。

总之，一个企业要想高效运转，更加有生命力，首先就需要有效调动员工的积极性。华为构建的岗位轮换制，可以让不同员工在不同的工作岗位上获得更多的新鲜感和乐趣，同时能让其学到以往岗位上所不知道的知识，更重要的是能够摒弃“山头主义”的思想，拿走这个、换掉那个，华为照样能很好地运转。这种灰度管理策略，能将人才潜力得以有效开发，为华为的发展注入了活力，为华为的良性发展奠定了基础。

对人讲灰度，对事讲流程

很多人能够取得成功，其中一个重要原因就在于做任何事情都能把握好分寸，为人处世的精髓就在于把握好一个度，善于把握分寸，也是人生的一种艺术。做企业和做人一样，同样在企业管理中要注重“灰度”哲学的应用。

很多企业虽然也会在发展过程中对管理和制度进行变革，但大多没有达到理想的目标。因为他们的变革太激进、太僵化，冲破阻力的方法太苛刻。如果他们用较长时间来实践，而不是太急迫、太全面，收效或许会好一点。其实就是缺少灰度。

华为在变革的过程中，坚持方向坚定不移，但实现的路线并不是走的一条直线，而是通过曲线、迂回的方式来实现。这就是一种灰度。然而，华为在使用这种灰度思维的时候是“对人讲灰度，对事讲流程”。

在“华为基本法”中有这样一句话：“我们尊重人才，但我们绝不迁就有功但落后的员工。”这句话体现的就是一个灰度的哲学。很多企业在强调“尊重人才”的时候，走到了一个极端，只谈业绩，不看综合素质或个人蕴含的潜力。“华为基本法”中到处充满了灰度哲学。

华为的灰度哲学的具体体现是：

一方面，在做决策的时候，是对人不对事。任正非说过：“决策的过程是灰色的，所以决策层必须有开放的大脑，妥协的精神，这样才能集思广益。但越朝下，越要强调执行。高层决策忌快忌急，慢一些会少出错。基层却要讲速度，讲效率。”比如华为的岗位轮换制度。

另一方面，在执行和管理上，华为要求绝对的权威，必须按流程办事。所以华为在运用灰度哲学的时候，并不是一切皆灰度的。比如“以客户为中心，以奋斗者为本，长期坚持艰苦奋斗”不能灰度；“厚积薄发，压强原则”不能灰度；“自我批判，保持熵减”不能灰度；“力出一孔，利出一孔”不能灰度。

显然，在做事方面，华为从来都不会讲“灰度”。华为在相当一段时间内采取半军事化管理，令人印象比较深刻的就是市场部大会，包括深圳的体育馆、革命歌曲万人大合唱等。华为特别强调服从性，不讲条件，不找借口。市场竞争本身就像是战场打仗一样，激烈、惨烈程度甚至不输战场，而华为早期，即便每一位华为员工的装备很简陋，也要朝着前方“敌人的碉堡”冲上去“厮杀”。面对这种市场竞争，如果稍微懈怠，那么整个企业就失去了存活下去的机会。所以，华为对于生存问题，要求全员必须按流程、章程办事。如果对事也采取灰度哲学，采取中庸的态度，那么华为早就已经失去了活下来的机会，更何谈如今华为的辉煌？

众所周知，华为是一家执行力非常坚决的公司，有十分强大的核心领导力量。华为的“华为基本法”对每位员工的行为规范有明确的指导意义。所以，华为对于市场各级管理者提出的要求就是理解的要执行，不理解的也必须执行。这与任正非的军人出身有莫大的关系。身为军人，往往做事知行合一，雷厉风行，容不得相互之间推诿扯皮。要知道，军人在作战的时候，没有人会讲民主，没有任何妥协而言，只有绝对的服从，才能让每个人都朝着一个方向加猛火力，才能打下江山。华为能够成功进入国际市场，并站在国际市场的最前列，是与超强的执行力分不开的，而其超强的执行力来源于华为绝对服从的政策，而不是灰度哲学。

“灰度”二字重点在“度”，很多企业难以把握这一点。能够利用好灰度这一手段和工具，是需要一个企业管理者的智慧和能力的。把握灰度，需要的并不是手艺，也不是科学，而是艺术，这就是领导艺术。任正非能够将灰度在企业管理和执行方面运用得当，使华为能够在适当的时候将灰度哲学恰如其分地发挥到极致，这是任正非出色领导能力的体现，也是华为这棵生命之树能够长青的重要原因。

第十五章　冒险
——有冒险才有希望

一个企业，在市场竞争中需要具有冒险精神。市场瞬息万变，竞争越来越激烈，从企业的发展和进步来看，就是要具有勇于开拓的冒险气魄，才能从企业竞争中脱颖而出，成为市场中的“王者”。在华为的发展过程中，正是华为人才培养的第十五条规则培养了一代又一代华为人的开拓精神，也正是这样的开拓精神为华为赢得了一次又一次企业发展的关键希望。

敢于破格提拔任用

人才是最稀缺的资源，是企业赖以生存和发展的根本。企业的发展需要人才，而如何选拔人才成为企业需要迫切解决的问题。

通常，企业在人才选拔和任命的时候，往往小心谨慎，畏手畏脚，将工作年龄、资历深浅、学识程度作为衡量标准，并按照这些标准进行人事岗位安排。然而最终的结果是，工龄高的脑子不活泛、资历深的工作不够努力、学识程度高的实践能力差，相反那些真正有能力、有干劲的人却得不到被重用的机会。所以就会出现企业运行混乱不堪，业务拓展不顺，整个企业没有任何起色，反而效益欠佳。

华为作为一个在“枪林弹雨中成长”的企业，自创业以来能够取得如今的成就，关键就在于用人机制上敢于“冒险”。华为的破格提拔用人机制，重在选择有上进心、有干劲、有热情、有冲劲、有能力的员工进行提拔任用。任正非认为员工的能力和潜力、为公司创造的价值，远比员工的学历、资历重要得多。因此，在人才任用问题上，任正非表示凡是通过自己的不断努力，在工作中增长才干的员工，都可以获得职务晋升的机会。同时，华为还保留职务上的公平竞争机制，坚决推行能上能下的干部制度。华为不拘泥于资历与级别，按公司组织目标与事业机会的要求，依据制度性甄别程序，对有突出才干和突出贡献者实行破格晋升。

任正非在这一点上看得非常透彻，也非常善于向外界的人才提拔方式学习。在美国学习期间，任正非得知当年诺曼底登陆的时候，马修·邦克·李奇微还是个少校，指挥82师的一个营；后来到朝鲜战场的时候，已经成了“联合国军”总司令；再后来，他接替德怀特·戴维·艾森豪威尔担任北约组织武装部队最高司令。短短八年时间就被多次提升。由此，他获得启发认为华为也可以学习这种破格提拔的用人机制。

华为对于那些能够为客户提供有效服务、能够满足客户需求的员工，既让他们能够充分发挥自己的价值，又给予他们公平的回报。为此，华为还建立了坚持以绩效为中心，以结果为导向的价值评价体系，希望以此努力提高员工的工作效率，为企业创造更多的价值。

每年，华为会破格提拔一大批优秀的人才。从近几年来看，2017年年初，华为破格提拔4000～5000名优秀员工，专门将其培养成为一批勇于担当的优秀领头雁；2018年，华为破格提拔人才6000名，希望以此激活整个企业；2019年7月31日，在“钢铁是怎么炼成的”讲话中，任正非表示，华为引进人才，还破格提拔了一批应届生，“让天才成批来”。

正所谓“不拘一格降人才”。任正非在用人策略上如此有远见卓识，能够打破常规唯才是用，使得华为所吸纳的人才规模不断扩大。向来将人才放在首位的任正非在一次讲话中强调：“对人才的开放性，成就了美国今天的强大，华为要向美国学习。要破格提拔优秀人才，要敢于吸收全世界优秀人才。”这句话就明确表明了华为的用人理念，传递出了华为的一种冒险精神。

如今，华为拥有约18万名员工，其中大约90%的都是知识型员工，而且有非常大比例的员工还是外籍人士。从吸引人才的角度来看，华为的“不按常理”出牌的人才提拔和任用方式，体现的正是华为在人才培养方面始终贯穿如一的冒险规则。华为与传统企业不同，只本着“唯才是用”的原则，凡是能为华为创造价值的员工，在华为眼中就是优秀的员工。而年龄、资历、学历等，都是外在条件，不能成为员工能力和价值的评价标准。

“千里马常有，而伯乐不常有”。优秀人才是公司的创造之源，也是撑起整个企业不断向前奔跑的“千里马”。华为作为一个善于识人、用人的伯乐，让那些即便刚从校园走出来的“千里马”也有了为华为发光、发热的机会。

华为能够大胆地打开边界，用多种方式整合优秀资源，给优秀人才更多的成长机会，而这些人也正是能够为华为创造财富的人。任正非敢于启用新人，敢于大胆提拔人才，可以说是中国企业家里顶级的用人高手，他的远见不得不让人折服。也正是因此，使得华为打造了一支“虎狼之师”，为企业的发展添砖加瓦。

让一线人员去做决策

对于企业来讲，无论是重大战略决策还是高管的提拔任用，大大小小的决策都会影响到企业的运作和发展。所以，必须有人做出科学、合理、适应市场发展的决策，才能保证企业能够很好地发展。

然而，很多企业决策的制定都是由领导人或者高管来完成，因为他们具有绝对的权威性，员工只有绝对服从。这种模式下，领导人或高管往往做任何决策都亲力亲为，但很多时候会因为他们没有时间和精力真正走进市场，对市场没有深刻的了解，所以做出的决策往往有失偏颇。另外，领导人或高管拥有太多的权力和资源，为了控制运营的风险，就会设置许多流程控制点，过多的流程控制点会降低企业的运行效率，增加运作成本。而且员工在照章办事的过程中，也往往会发现决策与现实有所相悖，在执行的过程中存在很多问题和阻碍。这样反而不利于企业的发展。

华为的成功是由诸多因素组成的，销售也是华为成功的一部分。华为在销售部门有一句非常经典的名言，叫作“让听得见炮声的人来做决策”。这句话的背景是这样的：

2006 年，华为在苏丹项目上输得很彻底，曾经参与该项目的一位华为员工在开会时，表示我们不但输了项目，还输了“人”（客户）。由于竞争对手的解决方案充分考虑了为客户降低运营成本（为客户创造价值），因此这次华为输得很惨。事实上，在做项目方案之前，华为客户一线的人员本来在与客户的交流中获取了这点信息，但却没有把这一信息有效传递给产品人员，而错失良机。所以华为在痛定思痛之后，就慢慢总结出了“让听得见炮声的人来做决定”的运营模式。

为此，2009 年，任正非在《让一线直接呼唤炮火》中明确提出：“我们后方配备的先进设备、优质资源，应该在前线一发现目标和机会时就能及时发挥作用，提供有效的支持，而不是拥有资源的人来指挥战争、拥兵自重。谁来呼唤炮火，应该让听得见炮声的人来决策。”

华为向来重视“以客户为中心”的理念，所以无论制订任何制度、做任何决策，都是以这一理念为基本点进行。而华为的销售人员则是每天与客户走得最近的一线人员，他们往往能够听得见“炮声”，听得懂“炮声”，能分辨“炮声”的方向在哪里，客户“放炮”的意图是什么。他们能够从“炮声”中推断出什么样的产品能够给华为带来巨大的收益。所以，华为的高管将权力下放，让那些真正能够“听得见炮声的人来做决策”。

“让听得见炮声的人来做决策”，可以看得出华为将决策权下放，让了解市场的人，甚至熟知市场情况的人直接去快速做出决策。这样一方面，能从制度层面避免上级在不了解情况下所做的决策存在缺陷的可能性，限制了决策者滥用职权的可能；另一方面，将权力下放，使得员工对项目更加负责，则能够唤起一线员工的主观能动性，以及对细节问题进行观察重视的积极性。员工有了责任，才会对工作中细节之处的问题及时发现，积极处理，制订出更加精准、有效、科学、合理的决策。

销售人员走在了华为的最前端，前方阵线能够根据“炮声”制订有效的决策，并将“炮声”传递到后方，让华为各部门都能参与到决策执行中，这样才能达到理想的效果。鼓励全员参与到质量文化建设当中，从产品的研发、设计，到生产、销售，直至售后服务，都能够按照“炮声”来进行，最终一定能够提高客户满意度，给客户带来真正想要的产品和价值。

华为和任正非宣扬的“放权”，并不是一句简单的口号，而是做到了实处。当2011年华为开始大踏步地从运营商走向企业和消费市场的时候，率先成立了企业BG和消费BG，将消费决策权向前线进一步前移。而当发现华为在互联网渠道的不足之后，又进一步推出了“荣耀”品牌，并赋予其独立操盘的权利。在前线人员根据中国互联网渠道特点的挖掘之后，便因地制宜地采取了针对性的打法，这才让华为的“荣耀”品牌在中国互联网市场中成功立足。

任正非认为自己是华为一个手握“思想权”的领导者，他将自己完全定义为一个形式上的管理者。任正非管理的最大成就就是大胆地放权，让那些真正有能力的专业人士参与到一线决策中，后方起保障作用。前后方共同合作，将华为成功推进国际级市场当中。

“放权”就像放风筝，要看得清风向和风力，审时度势，还要放而要高，高而线韧，收放自如。然而，“放权”却并不像放风筝一样轻松，需要一个企业家的冒险精神作为支撑，才能让风筝飞得高远。

思想有多远，路就能走多远。任正非将目光放得长远，不像大多数企业家一样，采取中央集权的模式，将自己沉浸到独占“兵权”的欢愉之中。任正非舍得放权、敢于放权，这体现的正是企业家的一种冒险精神，而这也正是华为的一种难能可贵的精神。

在最艰难的地方开拓市场

企业做市场难就难在了开发新市场上，这需要市场拓展人员对目标市场有更加细致的了解，对市场趋势有很强的判断能力，对市场变化有很强的应对能力。然而人总是有趋利避害的本能，相信绝大多数企业都会寻找自己认为比较好啃的市场寻求新的发展，实现全新的目标。这样企业能够快速收回成本，早日产生盈利。

然而华为似乎天生就是“吃硬不吃软”，在拓展市场的过程中反其道而行之，哪里最艰难，就专攻哪里，直到将这里“啃”下来为止。

华为建立早期，为了拓展海外市场，便将俄罗斯作为海外拓展的第一站。因为当时俄罗斯的电信业受到经济迟滞发展的影响，市场需求很大，再加上我国政府与俄罗斯政府的邦交关系一直良好，这就为华为进军俄罗斯市场提供了有利的条件。但是，在确立要向俄罗斯进军之前，华为已经做了很多功课。据华为了解，此前爱立信、西门子等跨国巨头在俄罗斯的跑马圈地已经基本结束。虽然华为在国内小有名气，但在俄罗斯人眼中，朗讯、西门子才能算得上国际电信巨头，而华为只是一个名不见经传的小企业，在当地的知名度几乎为零。所以，俄罗斯人一定对华为极为不信任，开拓市场的过程一定是艰难的。

事情的确如预想的一样。在初期，华为的市场拓展工作处处碰壁，一个地方连续去了两个星期都没有看到客户的影子，更不用说产品介绍了。华为几乎在每个客户那里都碰了钉子。

起初，华为派去的年轻员工因为经验不足，要花大部分时间去适应国外的生活和工作环境。因此，华为面临的难题不仅仅是向不了解华为的俄罗斯人推销产品，更重要的是在俄罗斯人心中建立华为的国际形象。

1997 年，俄罗斯的经济陷入低谷，由于卢布急速贬值，西门子、阿尔卡特等国际巨头从俄罗斯纷纷撤离，却给华为带来重大机会。

1998 年，俄罗斯经历了一场金融危机之后，整个电信行业都停滞了。当时，要想在俄罗斯经济异常萧条的情况下开拓市场是非常艰难的。而且在金融风暴之后，俄罗斯资本市场混乱不堪，资金链断裂，此时如果开拓市场，风险极大。这也正是那些国际电信设备巨头们纷纷撤出的原因。

然而，华为却逆水行舟，知难而上。华为派出100多人的营销队伍，在严格的培训之后，派到俄罗斯进行市场开拓。先在“亚欧分界线”的乌拉尔山西麓军事重镇俄罗斯乌法市建立了第一家合资公司——贝托—华为合资公司。该公司由俄罗斯贝托康采恩、俄罗斯电信公司、华为三家公司合资成立，采取的经营战略是本地化模式。

随后，在不断的市场拓展中，华为逐渐被俄罗斯人所了解，并与华为建立了信任关系。终于，华为获得了俄罗斯的第一张订单，虽然只有38美元，但这却是华为的国际贸易第一单。

如今，经过在俄罗斯市场20多年的不断发展，华为的三大核心业务均已成功打开当地市场，在俄罗斯落地扎根。目前，面向消费者的终端业务市场取得成功，华为也在当地取得了运营商业务的领导者地位。

华为即便在俄罗斯经济最萧条的时候，在俄罗斯经济环境最糟糕的时候，在俄罗斯并不信任自己的时候，并没有因为眼前的艰难而退缩，也没有像绝大多数电信巨头一样撤出俄罗斯。相反，华为反其道而行之，留下来专“啃”这块最难“啃”的地方。

西方有句谚语：“最大的冒险，是不敢冒险。”许多人失败，不是败在他没能力、没经验，而是败给了自己，败在了不敢尝试。华为却发扬了其冒险精神，在这块艰难之地成功拿下了俄罗斯市场，开拓了自己的第一个国际市场。华为的这种明知不可为而为之的冒险精神，是很多企业家所敬佩不已的。

当然，冒险并不意味着盲目与激进，还要有准确的判断力，只有两者完美结合，才会获得成功。二者缺一的话，就是鲁莽，要想取得成功是很难的。华为不但具备冒险精神，而且还具有独到的判断力，因此华为的成功不是偶然的，而是冒险精神与良好判断力的结果。

第十六章　奉献
——无奉献不伟大

在商业环境下，没有无私奉献的精神，何来奋斗的目标？华为正是将奉献这一规则深深写进了企业社会责任里，也正在并将持续践行下去其人才培养的最后一条规则，即奉献，个人利益服从集体利益，企业利益服从社会利益，国家得益高于一切。

个人利益应当服从集体利益

一个企业的发展与兴衰，与员工有着密切的关系。企业是员工施展个人才华，展现个人抱负的舞台，只有企业发展得好，员工才能获得更大的发展空间，才能更好地实现自身价值。

当然，企业与员工之间存在一定的利益关系，但企业利益与员工利益之间不是永远一致的。企业获取的利益，是企业发展的原动力。所以，任何时候，都要以企业利益为重，个人利益服从集体利益，将个人的努力融入集体奋斗当中。

华为在这方面就做得非常好。华为强调个人利益要服从组织利益。

华为为了能够更好地适应市场、能够更好地持续发展下去，会在内部做出一些改革。而每次改革的时候，必然会触动员工以及干部的个人利益，使得员工和干部为此患得患失。而华为之所以改革，目的就是使原有的利益分配逐渐走向新的利益分配平衡。而这种平衡的变革，是促使华为核心竞争力提升与效益增长的必须经历。但现实情况是，利益分配永远不能让全部人都满意，让全部人都感到平衡。因为在变革中，有的干部职务会变更，自然会让有的人利益受到损害。但如果员工和干部没有正确的心态去对待这样的现状，企业的改革就不能成功，更何谈企业员工的发展？

正所谓“大河无水小河干”。企业就像是一艘驶向成功码头的大船，大船的航行靠的是无数员工共同的努力，也是每位员工实现利益和价值的载体，只有企业目标与个人目标相统一，个人利益服从集体利益，企业与员工之间形成利益和命运共同体，才能让这艘大船走得更快、走得更平稳。企业成功了，不仅意味着经营者的成功，同时也意味着每位员工的成功，才能保证员工自己的利益得以实现。如果企业垮掉了，员工也就失去了舞台，无论自我价值的实现，还是个人利益的实现，都成为一句空谈。因此，那些为了个人利益而不顾集体利益的人，也许能够捡一时便宜，却会因此而失去长远发展的机会。

华为上下非常团结，特别是高层领导，他们不自私、不谋求个人的私利，正是因为这种无私的奉献精神，才使得华为上下能够团结在一起。也正是如此，才有了“华为人”这个称呼，意味着华为员工的集体主义思想，意味着华为全体人员是一体的。

华为自创办以来，内部就一直保持着高度的团结。在团结理念下，他们不自私，不拉帮结派，一心将所有的精力都放在企业的经营和发展上。在平时的工作中，原本工作就枯燥乏味，加班加点更是华为的一种常态。即便这样，只要公司有需求，华为的员工都会积极响应号召，为了维护华为形象，舍弃个人利益、不顾个人安危而出国去奋斗。华为很少有人会在工作中有所懈怠，对他们而言，能够按时保质保量完成公司交代的任务，是作为一个华为人必须要做到的。所以他们无论如何都会以公司利益为重，先考虑公司利益。因为他们都具有很强的归属感，更明白一个道理，就是公司遇到困难了，每位员工都应当分担责任，公司收益好了，个人收益自然会增加。也正是因为有了这样的奉献精神，使得整个华为有了一股无私奉献、奋斗不息的正气，使华为的核心价值观体系和价值评价分配体系才能立得住脚，才能够长期实行下去。

在商业环境下，没有无私奉献精神，何来奋斗的目标？当一个企业中的所有员工在个人利益与集体利益的关系处理上，都能将个人利益服从集体利益，甘愿为实现集体利益而暂时放弃个人利益，那么这个企业的所有成员将凝聚成一个伟大而坚不可摧的团队。这是团队形成的最高境界，也是快速实现奋斗目标的基础。

珠峰基站，专为救助登山者性命而建

很多登山爱好者认为，征服珠穆朗玛峰，是一个登山者一生非常大的荣耀。珠穆朗玛峰因其巍峨雄伟、气势磅礴，也是很多登山者的梦想。自从1953年，一位新西兰登山家埃德蒙·希拉里登上珠穆朗玛峰之后，这座高峰每年都有越来越多的人前来挑战。

据统计，至今成功登上珠穆朗玛峰的人已有数人，但在很多人征服这座高峰的时候，也为此付出了生命的代价。珠穆朗玛峰由于海拔高达8848米，生存条件非常严峻，又缺乏基本的通信信号，因此在过去10年里，尝试征服珠穆朗玛峰而死亡的人数接近300人。如果他们能在第一时刻用通信设备向外界发出求救信号，或许他们能够幸存下来。

华为不但关注自身的发展，而且还心系天下。不但在“有人区”建基站，为全球带来良好的通信服务，还在珠穆朗玛峰上建基站。

在珠穆朗玛峰脚下，位于海拔5200米和6500米处，各建有一个移动通信基站。而这两个移动通信基站是采用华为设备建设而成的。

2007年9月底，开始进行基站建设。由于珠穆朗玛峰地处海拔高，气候十分恶劣、天气变幻莫测，氧气含量相当于平常的38%。面对如此恶劣的环境，为了进行技术指导，四位华为人毅然与一位司机，带着专制的御寒衣物、登山专用鞋、拐杖和充足的干粮，随着施工队开始了“世界屋脊”的艰难跋涉。

由于公路只通到珠穆朗玛峰大本营，之后汽车把设备拉到此处便没了路，总共20吨的设备，给专业运输队即便出高价都不愿意运输。因为，路上一边是陡坡，一边是悬崖，一不小心掉下去就会没命。所以，他们最后不得不组织施工人员和当地村民一起人背马驮地将设备运上去。光设备就运了20多天，其中的艰险程度可想而知。

在6500米的营地工作期间，出现头晕、头痛、嘴唇发肿、起泡溃疡、吃不香睡不着是十分常见的症状。甚至有一个华为员工连续两天都流鼻血。经常大家在恍惚中半夜惊醒时，会发现头上结的全是冰疙瘩……

正是靠着这股子不畏难、不放弃的倔劲儿，在如此极端的恶劣环境下，经过奋战，华为3002E基站于2007年11月13日13时成功开通。至此，珠穆朗玛峰全部登山营地和所有登山路线实现了移动网络全覆盖。华为创建了全球海拔最高的无线基站。

如今，基站为附近村民、僧侣、科考队员、国家气象测绘工作者以及媒体记者等提供通信服务。到了每年的登山季节，则是数以万计游客、登山者与外界沟通的主要渠道。

很多人认为，在海拔如此高的珠穆朗玛峰，普通人根本就不会去，那里的通信服务用户数量极少，华为还要在那里建基站，不是在做亏本买卖吗？对于这个问题，任正非表示其实在珠穆朗玛峰上面建造基站并不是为了赚钱，而是为了能够挽救更多登山者的生命。

华为这种建基站挽救登山者生命的行为从未停止过。2008 年，华为和中国移动还携手在珠穆朗玛峰大本营建设了 GSM 信号塔，这的确是一个惊人的成就。进入 4G 时代之后，在 2013 年，华为又一次和中国移动联手，在珠穆朗玛峰大本营安装了 LTE—TDD 信号塔，让登山者在珠穆朗玛峰上也可以使用 4G 上网，更重要的是让登山者能够与外界获得联系。目前，珠穆朗玛峰上有很多基站，虽然不能说全都是华为建立的，但是华为的设备在其中占据了大部分。

俗话说“人命大于天”。换作其他追逐利益的企业，是断然不会在环境如此恶劣、地理位置如此偏僻的地方建立基站的。因为“不赚钱”，所以在珠穆朗玛峰上的基站光维护成本就赶上某些公司的研发费用。但华为还是在这里建了基站，还不是一次两次。华为并不是像那些只为了追求资本报表漂亮的企业，而是怀着一颗伟大的、无私奉献的心，将为人类服务作为奋斗目标。

古往今来，幸福和繁荣都是用危险和生命换来的。正是因为有人敢于奉献自我，所以才让我们拥有了美好的生活。华为就像是一只孜孜不倦的蜜蜂，它不辞辛苦地采蜜，把蜂蜜给了人类，把甜蜜给了人类，而自己却得到的极少，所以人们对它赞不绝口。这正是华为人才培养中关于奉献的最好诠释。

援建非洲，助力信息化建设

人类发展的重要基础之一就是信息技术的应用。从古至今，人类的活动都离不开通信。如果一个城市无法很好地利用信息技术所带来的机遇，那么这个城市不可能有高效的管理，也无法达到现代社会的标准。毫无疑问，这样的城市也无法获得良好的秩序，无法为其市民带来美好的生活。

非洲是非常贫穷的大陆，再加上有的国家饱受战乱之苦，因此其在全球信息革命的浪潮中严重落后，通信市场基础更显薄弱，基础建设也不完善。面对这样的境遇，对于非洲来说，信息化的应用和发展，能够帮助他们更好地设计、建造和管理城镇，只有信息化才能帮助其应对经济生活及城市发展方面的各种挑战。因此，拥有强大的通信技术，对于非洲各国促进贸易增长、削减贫困、推动经济增长至关重要。

华为作为一家国际级通信技术企业，看到了非洲通信技术落后的一面，决心要助力非洲信息化建设。然而，作为一家民营企业，华为看重的并不是利润、金钱，而是巩固和发展周边国家友好合作的关系，加强和扩大与发展中国家的传统友好关系。

尽管非洲环境异常恶劣，华为也从没有想过要放弃，华为人还依然坚持在非洲这片急需要通信技术帮助的土地上，为其进行通信技术方面的帮助。

如今，华为是非洲大陆电信建设的唯一主导企业，当地高达70%的IT主干网络都是由华为建设的，没有任何供应商能够以华为的价格、速度建设电信基础设施。而且不只是刚果，整个非洲大陆对信息通信技术的利用都十分重视，从手机移动支付、电子银行到健康信息查询，通信技术正在非洲掀起一股热潮。非洲也在华为的帮助下，朝着全球移动快速发展的道路前进。

事实上，在华为进入非洲之前，阿尔卡特是刚果电信市场的主要设备供应商，其次是西门子。然而，它们在非洲这块通信技术奇缺的热土上却没有形成扩张之势，也没有利用先入的优势实现市场饱和。而华为却凭借自己对非洲的付出和帮助，在援建非洲的时候大显身手。南非国际事务研究所中国关系研究员斯塔登（Cobus van Staden）表示，华为是第一家发现非洲资讯科技业潜力的公司，华为也有资金支持自己在当地的投资。肯尼亚一家重要无线网络公司萨法利通信（Safaricom）的首席执行官科利莫尔（Bob Collymore）早前接受访问时形容，华为“多年来都是个好伙伴”。

可见，华为用自己的实际行动得到了非洲各国的认可。华为能够在最危险的环境、最糟糕的时候依然义无反顾地给予非洲各国援建，这对于非洲各国来讲，无异于为其通信技术的发展带来了福音。华为的这种奉献精神，是很多企业所没有的。但也正是华为人的奉献，使华为能够在非洲乃至全球成功地树立了自己的品牌，牢固地占领了市场。